ATRIUM

Ariel Denis

STILLE
IN MONTPARNASSE

– Ein Romanbericht –

Aus dem Französischen von
Regine Herrmannsdörfer

Atrium Verlag · Zürich

Deutsche Erstausgabe

Die Originalausgabe erschien 2002 unter dem Titel
Récital. Une interprétation
bei Éditions du Rocher
Aus dem Französischen von Regine Herrmannsdörfer
Umschlaggestaltung: Nina Rothfos und Patrick Gabler, Hamburg
Umschlagmotiv: © gettyimages/Photographers's Choice
Collection: Kaz Chiba
Satz: Dörlemann Satz, Lemförde
Druck und Bindung: Friedrich Pustet, Regensburg
Printed in Germany
ISBN 978-3-85535-981-3

www.atrium-verlag.com

Gott, was für schreckliche Lungen,
und nichts gleicht ihm weniger
als er selbst.

Diderot, Rameaus Neffe

Wir sehen durch den Mund,
dass wir nichts sind.
Und durch ihn bewegen wir uns fort.

Valère Novarina, Für Louis de Funès

Ohne Musik wäre das Leben ein Irrtum. Diesen Satz murmelte ich vor mich hin, als ich über den Boulevard du Montparnasse ging, nachdem ich das Büro verlassen hatte, um meinen üblichen Rundgang zu machen, entlang von mir sorgfältig zusammengestellter Wege, ein grauer Frühlingsnachmittagshimmel lag über den Platanen, über den Gebäuden, den Straßen und den Cafés, grau in grau, alles in gewohnter Reihenfolge, als ich auf der Höhe von La Coupole gerade noch einem Trottel ausweichen konnte, der wie ein Schwachsinniger gestikulierend mit seinem Handy quasselte, in Eile und wahrscheinlich doch immer zu spät dran, so wie das Kaninchen von Alice, in ewigem Selbstgespräch Tag und Nacht herumirrend (*als Äsop seinen Herrn im Gehen pissen sah, rief er aus: Wie, werden wir gar im Laufen scheißen müssen¿*), einige Meter weiter dann entkam ich knapp einem Spinner auf Rollschuhen, halb nackt, mit Knie-

und Ellbogenschützern aus Gummi und mit Kopfhörern auf den Ohren, aus denen in einer Lautstärke für Stocktaube die weltumspannende abscheuliche Musik dröhnte, zu der uns die Technik verdammt, wie mein Freund Markus Berger zu sagen pflegte, grauenhafte Musik, deren unerträgliche Klänge mir entgegenwehten, als ich gerade am Café Mustang vorbeikam, einem Jugendtreffpunkt aller Rassen des Viertels, und allein diese kurzen Lärmfetzen brachten mich aus der Melodie des wunderschönen Schubert-Lieds *Am Bach im Frühling,* das ich schon seit Beginn meines Rundgangs mit fröhlich zwanghafter Hartnäckigkeit *mezza voce* vor mich hin sang, sehr stolz, dass mir in der zweiten Strophe die schöne Modulation nach a-Moll auf dem Wort *Allein* (*e – c*) so gut gelang, schnellen Schrittes setzte ich nun meinen Rundgang fort, bewegte mich dank meiner Spezialschuhe mit stoßdämpfergespickten Sohlen abwechselnd hüpfend und gleitend über den Asphalt, dabei immer auf der Lauer, mit unablässig forschendem Blick, *wir suchen überall das Absolute und finden doch immer nur Dinge,* ganz ruhig, wieder einmal also ging ich durch Montparnasse, noch einmal die Straßen und Boulevards entlang, an den Kinos vorbei, diese ganze dissonante Mischung nicht zusammenpassender Baustile, unter dem grauen Himmel des grauen Frühlings, einsam in der zahllosen Menge, alle Klassen und alle Rassen, *Mare Nostrum*, Gesichter und Wolken, noch einmal entlang der schon so oft durchstreiften Avenuen (wie vor undenklichen Zeiten in Lyon entlang der Rue de la République), in meinen federnden Schuhen, und plötzlich der Turm, der mich immer an den Monolithen in 2001 erinnert, und schon fing ich an, *An der schönen blauen Donau* vor mich hin zu pfeifen (mit dem Requiem von Ligeti hätte ich mehr Schwierigkeiten gehabt), sagte mir aufs Neue, *Ohne Musik wäre das Leben ein Irrtum* (in Sils-Maria hatte ich mir sogar ein T-Shirt gekauft, auf dem dieser Nietzsche-Satz stand, weiße Schrift auf grünem Grund), sang noch einmal *Allein mit traurigem Gemüte* (*e – c c c – c – e e – h*) vor mich hin, tanzte auf meinen Zaubersohlen, nur noch eine Windböe in Richtung Rue du Départ wirbelnd, wie der Brandungsstrom, der manche Ozeaninseln umspült, *Heimweh nach St. Louis*, mein Lieblings-Minnelli, da war mir plötzlich, als würde aus der Ferne eine Musik zu mir dringen, die ganz allmählich lauter wurde, irgendetwas in der Art von Gershwin, die Kamera filmt Paris in einer riesigen Totalen in Technicolor, wie in einem Märchenbild badet die Stadt in goldenem Dunst, dann gleitet die Kamera in einer graziösen Fahrt über den Eiffelturm, über die Madeleine, über die Champs-Élysées, die zauberhafte Musik mit einer Melodie voll süßlichem Schmelz wird jetzt noch lauter, und da ist der Boulevard du Montparnasse, in einer langen fließenden Bewegung erfasst mich die Kamera inmitten der Passanten, unter deren erstaunten und entzückten Blicken ich zu tanzen anfange, in der Art von Gene Kelly, wie ein Elf hüpfe ich über die Trottoirs und singe zusammen mit dem ganzen Orchester die Titelmelodie des Films, den *Montparnasse-Song,* ich springe und tanze in meinen federnden Schuhen, lachend, mit weit ausgebreiteten Armen singe ich aus vollem Hals, unterstützt von den Violinen, *Paris / Paris / I love Paris / And my love is in Paris / In Montparna-a-asse,* und alle Passanten auf dem Boulevard beginnen mit mir zu tanzen und zu singen, *Paris / I love Paris,* bis zum überwältigenden finalen Crescendo, wo man in einem im Studio nachgebauten Montparnasse von 1930 in einer Totalen die Menge tanzen sieht, dann kommen ganz allmählich die Verkehrsgeräusche zurück, Hupen, Bremsen, Sirenen, Alarmanlagen, Motorengedröhn, die ganze Tonspur des technischen Zeitalters, das unmusikalischste, das es je gab, wie mein Freund Markus Berger zu sagen pflegte, vor mir das Einkaufszentrum, der Turm, der

Bahnhof Montparnasse, ein krasses modernes Dekor aus disharmonischen Bruchstücken von beunruhigend zersprengter Einheit, unter dem grauen Himmel des grauen Frühlings, im Sirenengeheul eines Krankenwagens, der in Richtung Hôpital Cochin rast – merkwürdig, es heißt Sirene, früher waren Sirenen doch Zauberinnen, deren wundervoller Gesang die Sterblichen in ihrem Innersten aufwühlte, heute sind Sirenen technische Apparate, die uns mit ihrem apokalyptischen Geheul Bomben, Brände, Unfälle, Krankheit und die Polizei verkünden, so sieht der Fortschritt aus, pflegte Markus Berger zu bemerken, seinen »lieben Landsmann« Jean-Luc Godard parodierend – und ich ging immer noch durch die Rue du Départ, zahllose Menge, aus allen Ecken der Welt bunt zusammengewürfelt, Schwarze, Mischlinge, Asiaten, Besucher vom Alpha Centauri und Offiziere aus dem galaktischen Imperium, Halbstarke und Yuppies, Bettler und Gaukler, mit einem Hauch von Verruchtheit, und die meisten Passanten im Gehen laut redend, die Augen anderswo, das Handy, unsichtbar ans Ohr gepresst: Grüß dich, Aldebaran, ich bin in der Rue Odessa, und mir kam es vor, als hörte ich über dem nicht abreißenden Lärm der Tonspur, wie in den Romanen von Bret Easton Ellis und

Maurice Dantec oder in den Filmen von Wenders, Bruchstücke von Musik der angesagtesten Gruppen, U2 (*Even Better Than The Real Thing*), Dream Warriors, Ecstasy und sogar alte Songs von The B-52's, schwebende Stimmen, Elektrogitarren und Synthesizer, cool, Baby, wirklich cool, du gehst in New York oder in Paris spazieren, als wärst du in einem Club mit deinem Lieblings-DJ, *We'll slide down the surface of things*, dreh voll auf, Baby, lauter, das kommt wirklich stark, und jetzt hebst du ab in Montparnasse, nachdem du eine Linie Koks von deiner American Express gesnifft hast, mit einem alten U2-Song in deinen Kopfhörern, ist das cool, und du trällerst ganz alleine für dich *That's the way, ah-hah ah-hah, I like it*, und im Getöse der Synthesizer und Schlagzeuge hebst du ab, Baby, eh, Typ, ohne Musik wäre das Leben ein Irrtum, *ah-hah ah-hah, I like it*, that's the way man, und mit ein paar großen Schlucken Jack Daniels spülst du mehrere Temestra runter, cool, *Zuletzt bist du müde dieser veralteten Welt*, in der Avenue du Maine vor Inno gegenüber der Freifläche hebst du ab und explodierst auf einem galaktischen Heavy Metal Trip, der dir das Trommelfell zerreißt und dich in einem genialen finalen Heulen in die Stille der Milchstraße schickt, wirklich cool, dann kommt langsam alles wieder zurück, ich gleite wieder dahin auf dem Asphalt unter dem grauen Himmel des grauen Frühlings, im nicht abreißenden dumpfen Lärm misstönender urbaner Explosionen, im Krach von Alarmanlagen, Hupen, Bremsen, fürchterlichem Motorrad- und Rollergeknattere und anderen derartigen Scheußlichkeiten, die den allgemeinen Lärm durchschneiden, im Geheul der Sirenen, bei denen ich oft an die Musik von Varese denken muss (und ich erinnerte mich an ihren seltsamen Klageton in einer New Yorker Nacht), dann kam ich an der Brasserie L'Océan vorbei, kaufte noch *Le Monde* und betrat daraufhin das Gebäude mit dem Büro, sagte mir wie jedes Mal, dass ich A.D., Detektiv, auf die Türsprechanlage schreiben müsste, begann, die Treppe hinaufzusteigen, mit ihren Rissen wie nach einem Erdbeben, sprang, halb erstickt vom Fettgeruch schlechter Küche und vom Gestank der fünfzig schrecklichen Pekinesen, die so eine Durchgeknallte auf zehn Quadratmetern züchtet, die Stufen vollends hinauf und schloss, mein Herz klopfte ein wenig, die Tür des Büros hinter mir – helle graue Pariser Nachmittagsstille, der Geruch von Mottenschutz und die starken Düfte meiner verschiedenen Eaux de Toilette, kein unheilvolles rötliches Blinken auf dem Anrufbeantworter, ein Joghurt und ein Schluck Jack Daniels, zurück an meinem Platz, umgeben von Büchern, ich sehe das Taubenblau der Pariser Dächer, *der Blick durch die schrägen Fenster meiner Mansarde reicht in die Ferne* (man hört einige Takte des *Montparnasse-Songs*, während die Kamera Kamine filmt und Dachfenster, mit reizenden Blumen geschmückt, die adrette junge Mädchen gießen und dabei singen *I love Paris*, das alles natürlich im Studio), ja, ich bin ganz oben, wie ein Artilleriebeobachter auf seinem Stützpunkt, bereit, an meinen romanhaften Berichten zu arbeiten, ich muss anfangen, zufrieden betrachte ich mich in einem der vielen hohen Spiegel, *ach, wie muss ich lachen, mich so schön in diesem Spiegel zu sehen, bist du's, bist du's, ach, antworte, antworte schnell*, ja, ich bin's tatsächlich, wieder einmal, und ich ergreife die Gelegenheit und lese ein paar Seiten, obwohl ich sie auswendig kenne, in *Die Juwelen der Sängerin*, Buch unter Büchern, dann noch ein paar Stellen in meinem alten, so oft schon gelesenen Band der *Gedanken* von Pascal, danach singe ich ein *Volkslied* von Brahms vor mich hin, weitermachen, ich muss weitermachen (*ich werde niemals schweigen, niemals*), aber bevor ich anfange, muss ich still werden, die Stille ist so wichtig wie die Musik, Ende der Ouvertüre, gleich fange ich an, und ich werde weitermachen, man darf dessen nie müde werden, sag bloß singen, noch einmal, ein für alle Mal, was für ein Witz, schweigen wir, ich bitte Sie, nur einen Augenblick Ruhe, ich bitte Sie um Ruhe, Ruhe, na also, gleich geht es los.

Als ich im Oktober 1998 an einem grauen Sonntagmorgen leicht zerstreut den deutschen Beitext las, der zu einer Platte gehörte, die ich mir erst kürzlich gekauft hatte, stieß ich auf diesen verblüffenden letzten Satz: *Hermann Prey starb am 23. Juli 1998, kurz nach seinem neunundsechzigsten Geburtstag.* STARB. Unwillkürlich kam mir *The Long Goodbye* ins Gedächtnis, Philip Marlows Bemerkung: *Der Tod, dieses in allen Sprachen schrecklichste Wort.* Es war also möglich, so sagte ich mir sonderbarerweise, dass Hermann Prey starb, und dazu noch so jung. Das schien mir unglaublich. Ich fühlte, wie plötzlich Tränen in mir aufstiegen, *jene Tränen, die hinter der Maske des Gesichts von den Augen ins Herz zu fallen scheinen,* jene Tränen, die die Musik und der Tod so leicht hervorbringen. Wie häufig in solchen Situationen begann alles Wirkliche zu brennen, fern und nah, beängstigend, verstörend. Dann verwandelten sich meine

Angst und Trauer rasch in Wut, ich fragte mich, wie es möglich war, dass ich das nicht aus den Zeitungen erfahren hatte – einer der größten Sänger des Jahrhunderts, dachte ich voller Wut, mein Lieblingsliedinterpret, ein außerordentlicher Künstler, und ich erfuhr von seinem Tod rein zufällig, mehrere Monate später, das schien mir unfassbar, als wäre ich Opfer eines Komplotts gewesen, als wäre dieser Tod durch irgendwelche verrückten Machenschaften geheim gehalten worden. Starb. Da erinnerte ich mich schlagartig, dass der letzte furchtbare Juni und der letzte furchtbare Juli die scheußlichen Monate Juni und Juli der Fußballweltmeisterschaft gewesen waren, dass der vergangene verregnete Sommer ganz einfach der schreckliche Sommer der Fußballweltmeisterschaft gewesen war, in dem die Massenpropaganda der angeblich demokratischen technischen Informationsmittel die doch immerhin auch schon ziemlich wirkungsvollen Methoden Goebbels' endgültig lächerlich gemacht hatte, der entsetzliche Sommer der sportlichen nationalistischen Massenverdummung, der unwahrscheinlichsten Volksverhetzung, die den Zirkusspielen der durchgeknalltesten Cäsaren in nichts nachstand, *wer für den Sport ist, hat die Massen auf seiner Seite, wer für die Kultur ist, hat sie gegen sich, deshalb sind immer alle Regierungen für den Sport und gegen die Kultur,* einschließlich natürlich der sogenannten linken, vermeintlich sozialistischen Regierungen, wie mein Freund Markus Berger zu sagen pflegte, einschließlich aller sogenannten fortschrittlichen Politiker, die ohne mindeste Scham eine erschreckende sportliche Volksverhetzung betreiben, *in allen Staaten sind zu allen Zeiten die Massen durch den Sport gegängelt worden, so klein und so unbedeutend kann kein Staat sein, dass er nicht alles für den Sport opfert,* und selbstverständlich verwandelt die sportliche nationalistische Volksverhetzung der Masseninformation noch die demokratischsten, die modernsten, die hoch entwickeltsten Staaten, ausnahmslos alle, in Operettenregime und dekadente Städte der Spätantike. So war es also gekommen, dass der Tod eines wunderbaren Sängers (und nicht etwa der einer dieser Heulbojen mit Mikro, die man bestimmt tagelang beweint hätte) durch die totale Propaganda, durch die einfältige Reden führenden milliardenschweren Akrobaten, durch die allgemeine Verdummung ausgelöscht worden war, jedenfalls hatte ich schließlich in jenem Sommer aufgehört, überhaupt noch Zeitung zu lesen, überhaupt noch Radio zu hören, nicht einmal mehr die kulturellsten Sendungen, und selbstredend hatte ich aufgehört, daran zu denken, fernzusehen, war schließlich auf eine Insel in der Bretagne in ein abgelegenes Hotel *geflüchtet*, unter dessen Fenstern dann trotzdem an einem Regenabend ein paar betrunkene Hornochsen brüllten: »Wir haben ge-won-nen.«

Ich hatte das Glück, in den 1980er Jahren Hermann Prey mehrmals bei den »Montagen« im L'Athénée zu hören (denn man kann einen Sänger und vor allem einen Liedinterpreten natürlich unmöglich kennen und lieben, wenn man ihn nicht im Konzert gehört hat). Bei diesen »Montagen«, die ein berühmter musikbegeisterter Millionär ins Leben gerufen und nach einigen Jahren aus Überdruss wieder aufgegeben hatte – ein bedeutender Industrieller aus der Mode und Parfumbranche, *mein falscher Namensvetter,* sagte mein Freund Markus Berger lachend zu mir, dessen eigener Name, da er Deutschschweizer war, deutsch ausgesprochen wurde, mit hartem *g* und *eur* am Ende, *mein falscher Namensvetter, der César Birotteau aus der zwielichtigen Mitterrand-Zeit* –, bei diesen »Montagen«, sage ich, hörte ich wirkliche Lieder-Rezitale, die es in Frankreich leider viel zu selten gibt, wahrscheinlich, weil diese Sparte, im Wesentlichen für Männerstimmen, beinahe genauso zur Lyrik gehört wie zur Musik und die Liebhaber des *Belcanto* abschreckt, es waren Liederabende der großen Interpreten der Nachkriegszeit, die damals noch auf der Höhe ihrer Kunst waren, wie etwa Peter Schreier. Im Geiste sehe ich Hermann Prey wieder vor mir, sein blondes, in tadellose Wellen frisiertes Haar, seine hohe massige Gestalt im traditionellen *schwarzen Frack*, absurd und ergreifend wie das Lichtgewand des Toreros, blieb er nahe beim Klavier stehen, eine Stelle, von der er sich übrigens nicht mehr wegrührte, und dann, nachdem das Vorspiel des Klaviers (ein nicht über jeden Verdacht erhabener Bösendorfer, bemerkten puristische Nörgler) zu Ende war, nach jenem magischen Moment völliger Stille, wo der Saal den Atem anhält, jenem beinahe schmerzhaften Augenblick reiner Erwartung, bevor wie ein Weltenanfang auf wunderbare Weise der Gesang entsteht, füllte wie aus einer unsichtbaren Zauberquelle strömendes klares dunkles Wasser seine unvergleichliche Stimme mühelos den Saal, verkörperte jenseits von Samtstoffen, Vergoldungen und Stuck die nie versiegende Kraft der deutschen Romantik.

Es geht mir nicht darum, Hermann Prey mit Dietrich Fischer-Dieskau zu vergleichen oder gar ihn ihm gegenüberzustellen – Fischer-Dieskau, der das ganze romantische Lied neu erfunden und daraus sein sagenhaftes

Reich geschaffen hat, so wie es Maria Callas' hauptsächliches Verdienst war, dass sie die wunderbaren italienischen Opern der B-Kategorie des vergangenen Jahrhunderts zu neuem Leben erweckt hat, der außerordentliche Dietrich Fischer-Dieskau, dessen unzählige Einspielungen sämtlicher von der Vor-Mozart-Zeit bis zur Nach-Strauss-Zeit reichenden Liedkomponisten mich schon zu mehreren Umzügen gezwungen haben –, aber Hermann Prey besaß (wie Walter Berry) eine Natürlichkeit, eine Sangesfreude, eine *Gemütlichkeit,* was ihn wie von selbst zu diesem ebenso volkstümlichen wie kunstvollen Genre des Lieds führte. Trotz seiner imposanten Erscheinung und seiner hohen Gesangskunstfertigkeit konnte ich mir Hermann Prey immer mühelos anders vorstellen als im schwarzen Konzertfrack, besonders in der fröhlich behaglichen Tracht des *Wanderers,* am Tisch sitzend, einen Krug mit kühlem Bier vor sich, in einem jener gastlichen, von Geheimnis umwitterten Wirtshäuser, wohin die Bestimmung den jungen Künstler auf Wanderschaft und in des Lebens Schule bei Anbruch der Nacht führt, wie in den wunderbaren Romanen und Erzählungen von Novalis, Goethe, Tieck, Eichendorff oder Adalbert Stifter – und wie man ihn auf Wiener Stichen aus der Zeit Schuberts sieht, von den übrigen Wirtshausgästen umringt, singt unser Wanderer mit einer Stimme aus Gold und Nacht schwungvolle oder melancholische Lieder, und die blondhaarige Tochter des Hauses begleitet ihn mit erröteten Wangen am Klavier, während das Feuer im Kamin brennt, das Bier in Strömen in die Gläser fließt und man durch ein Fenster unter dem fernen träumerischen Silberschein von Mond und Sternen die in zartem Dunst liegenden Wälder und Felder sieht. Ich hätte Ihnen auch die angelsächsische Version liefern können, irische Pubs, englische Landschaft, schottische Seen, in der Art von Walter Scott, Jane Austen, Dickens, Joyce oder Tolkien, aber das sind nicht dieselben Wirtshäuser, das ist nicht dasselbe Bier, und das ist schon gar nicht dieselbe Musik, auch wenn es Beethovens reizende Adaptionen schottischer Lieder gibt, die Wolfgang Holzmair meisterhaft interpretiert, kurzum. Hermann Prey konnte alles singen, er hat übrigens alles interpretiert, was es in deutscher Sprache gibt, von Mozart und Wagner bis hin zu den hinreißendsten Kaffeehausliedern, *ich bin ein Sänger ohne Grenzen*, sagte er. Er sagte auch: »Jeden guten Gedanken kann man singen, jeden wahren Gedanken muss man singen können.« Hermann Prey wusste, dass die Musik der Welt jeden Augenblick verstummen konnte, als würde Gott seine Schöpfung eine Sekunde lang vergessen; so musste er immer weiter und weiter singen, damit das Universum nicht in die Dunkelheit zurückkehre. Hermann Prey sang nicht mit dem Körper, er sang nicht mit den Stimmbändern, nicht mit der Lunge, nicht mit der Luftröhre, nicht mit dem Bauch, er sang mit der Leere des Körpers, er wusste, dass der Gesang, wie das gesprochene Wort, dem er entstammt, nichts anderes ist als unsichtbares Licht. Nur ganz wenige Interpreten sind in der Lage, mit etwas anderem als dem Mund zu singen, nur ganz wenigen gelingt es, aus der Leere des Seins das leuchtendere als leuchtende Dunkel des Gesangs hervorzuholen. Wie der von ihm bewunderte Louis de Funès hat auch Hermann Prey gewusst, dass der Sänger wie der Schauspieler immer aus der Leere kommt. Auch er hat gesagt: »Ich habe mich mein Leben lang vor allen Menschen an der Leere geübt.« Er wusste, wenn er in seinem lächerlichen und ergreifenden schwarzen Frack auf die Bühne trat, allein mit seinem Pianisten, vor das murmelnde goldene Halbdunkel des Saals, dann trug er die Leere, von der er ausging, vor die schreckenerregende Erwartung des Publikums. Diese wenigen Augenblicke der Stille sind die schönsten der Welt. Denn mehr noch als vom Schauspieler wird vom Sänger ein Wunder erwartet, deshalb können wirkliche Interpreten nicht so häufig singen. »Selbst unser Herr vollbrachte nicht jeden Tag Wunder«, sagte Hermann Prey mit einem Lächeln. Nun ist es aber das Wunder und nur das Wunder, wofür man ins Konzert geht, man geht nicht des Körpers, der Noten, der Technik, des Textes halber hin, nicht zum Spaß geht man hin, sondern zitternd, man begibt sich dorthin, um eines der verborgenen Zeichen Gottes zu finden, das Absolute der Musik, um zu hören, was aus der unerträglichen Leere kommt und für einen flüchtigen Moment das melodische Geheimnis der Welt erhellt. *Auf Flügeln des Gesanges* – wie auf Engelsflügeln. Bevor ich mit meinem Freund Markus Berger zu einem Liederabend ging, tranken wir bei ihm zu Hause immer mehrere Gläser Champagner, nicht nur, weil wir glücklich waren, sondern auch, damit wir *aushalten* können würden, was wir uns zu hören erhofften; wie sagt Deleuze, Alkoholiker trinken, weil sie etwas gesehen haben, was zu groß für sie war. Für die Musik braucht man unbedingt Alkohol, um sie wirklich zu hören, um zu ihrer unaushaltbaren Fülle zu gelangen und sie anzunehmen. Eines Montagabends, im Théâtre de L'Athénée, als ich jenen Blick, den Kreisler, wenn er seine Violine absetzte und sich mit einem Handrücken über die Stirn wischte, in den Augen der Zuschauer der ersten Reihe wahrgenommen haben mochte (diesen bestimmten Blick, von dem jeder wirkliche Schriftsteller vergeblich träumt, ihn in den Augen seines Lesers zu erhaschen), auf Hermann Prey richtete, hat er, als er sich verbeugte, mich angeschaut und *mir zugelächelt,* ich kann es bei der Heiligen Schrift schwören, er hat mir das amüsierte und wohlwollende Lächeln des großen Meisters geschenkt, der den wirklichen Musikliebhaber erkennt und ihm dankt, mitten im duftigen, vom Applaus erfüllten Halbdunkel, unter der Menge des Publikums, das sich, wie oft in sogenannten »klassischen« Konzerten, aus Menschen fortgeschritteneren Alters und aus weiblichen Fans des lyrischen Gesangs zusammensetzte (ich war damals noch keine vierzig, und in der ersten Reihe, selig wie das Kind in der Krippe, unterschied ich mich wohl von diesem Kreis der Zuhörerschaft), während er sich unter den Bravos der Zuschauer verbeugte, hat Hermann Prey mich *persönlich* angeblickt, freundschaftlich und verständnisinnig, bei der Heiligen Schrift kann ich es schwören, Hermann Prey hat mir *persönlich* zugelächelt, das ist die wahre Wahrheit, gewissermaßen, verriet ich meinem Freund Markus Berger eines Abends, ich weiß nicht, wie ich es ausdrücken soll, es ist ungefähr so, als hätten Mozart oder Schubert mich angeschaut, als hätte die Musik selbst mir zugelächelt, noch jetzt, fünfzehn Jahre später, erinnere ich mich daran, als wäre es gestern gewesen, und Hermann Prey lebt nicht mehr.

Ich lernte Markus Berger zur Zeit jener Liederabende im Théâtre de L'Athénée kennen. Er war gerade sechsundfünfzig geworden; bei einer unserer ersten Begegnungen fiel mir Dostojewskis merkwürdiger Satz über den General Jepantschin in *Der Idiot* ein: *Er war sechsundfünfzig, kein bisschen älter, was in jedem Fall ein blühendes Alter genannt werden kann, in dem das wirkliche Leben recht eigentlich erst beginnt.* Sechsundfünfzig, so alt bin ich jetzt selbst bald, wohingegen Markus Berger letztes Jahr gestorben ist, auch er kurz nach seinem neunundsechzigsten Geburtstag, und deswegen habe ich mich entschlossen, diesen *romanhaften Bericht* zu schreiben. Markus Berger war ein schöner Mann, sehr schlank und groß gewachsen, sein hellgraues, von noch wenig allmählich weiß werdendem Blond durchzogenes Haar war sehr kurz geschnitten, eine Strähne fiel ihm leicht in die Stirn; das eher granitige, ansprechend wettergebräunte Gesicht gewann seine Lebendigkeit aus dem wundervollen Blau seiner Augen, er war von äußerster, wenn auch strenger Eleganz, sommers wie winters trug er oft einen Hut, der denen der Nachkriegszeit ähnelte und der ihm vorzüglich stand; seine vollendete Höflichkeit, die eine kontrollierte Heftigkeit unmerklich in Schach hielt, gab seinem Gebaren des *Gentleman von Welt* etwas auf Anhieb Gewinnendes. Im Scherz traute ich mich einmal, ihm zu gestehen, dass er eine gewisse Ähnlichkeit mit Gary Cooper habe, außerdem, sagte ich, etwas von Sean Connery (was natürlich in meinem Pantheon männlichen Charmes den absoluten Gipfel darstellt, neben ihm sieht der Apollon von Belvedere ziemlich blass aus), aber in einer mehr deutschen Version, fügte ich hinzu. Er amüsierte sich sehr über diese Bemerkungen, ohne dass er ihnen weitere Bedeutung beigemessen hätte, zumal er sich seiner Ausstrahlung ganz und gar bewusst war. Er gehörte einer vornehmen Zürcher Familie an und arbeitete als Ingenieur in einem Elektrokabel und Drähte produzierenden multinationalen Unternehmen (*meine Firma*, sagte er stets). Er sprach – ebenso wie Englisch und Italienisch – hervorragend Französisch und artikulierte in unserer Sprache herrliche, höchst elaborierte Sätze. Er war ein exzellenter Skifahrer, ein ebenso guter Schwimmer (seine körperlichen Fähigkeiten waren enorm), ein großer humanistischer Gelehrter deutscher Schule – nicht ohne zuweilen eine Spur von Pedanterie –, und da er für keine Seele Sorge trug und sein Einkommen es ihm erlaubte, sich jeden kleinsten Wunsch zu erfüllen, hätte man zu Recht vermuten können, Markus Berger wäre ein vollendeter Mensch und würde in diesem irdischen Jammertal die vorteilhaftesten aller möglichen Verhältnisse genießen. Aber, wie ich schnell merkte, waren die Dinge nicht so einfach – vorausgesetzt übrigens, sie könnten es jemals sein. Im Alter von ungefähr zwanzig hatte Markus Berger, durch allgemeine Zustimmung bestärkt, beschlossen, sein Leben dem Gesang zu widmen. Er hatte bei den besten Lehrern Unterricht genommen und gleichzeitig, auf den weisen Rat seines Vaters, eines bekannten Industriellen, sein wissenschaftliches Studium an einer Elitehochschule weiterverfolgt. Er verfügte über beinahe alle günstigen Voraussetzungen: eine schöne Stimme, eine untrügliche Begabung, eine grenzenlose Begeisterung; seine Mutter war selbst eine große Musikerin, und seine Familie – alte europäische Bourgeoisie, hochgebildet, bisweilen mäzenatisch tätig – stand mit der ganzen internationalen Creme der künstlerischen Welt in enger Verbindung. Cocteau und Furtwängler waren regelmäßige Gäste in seinem Elternhaus; er hatte Poulenc gekannt, Strawinsky, Malraux, Boulez, Nadia Boulanger, und, sagte er einmal, um mich zu necken, sogar der junge Hermann Prey kam wie alle, um dem berühmten *Salon Berger* seinen Besuch abzustatten. Eine seiner schönsten Erinnerungen war, wie ihn Leonard Bernstein einmal am Ende einer familiären Abendgesellschaft am Klavier zu Liedern von Ives begleitet hatte. Und außerdem, sagte er mit gespielter Bescheidenheit, war ich in meiner Jugend ein hübscher Kerl. Er stand damals sogar am Anfang einer richtigen Karriere: In Salzburg habe ich einen der Geharnischten (natürlich die aus dem berühmten Freimaurerchor in der *Zauberflöte*) gespielt, in Wien einen von den Dorfbewohnern im *Freischütz* und in einer erbärmlichen italienischen Provinzoper sogar den Herzog von Mantua in dem scheußlichen *Rigoletto*, in Deutschland, in der Schweiz und in Frankreich habe ich mehrere Liederabende gegeben. Dann hatte er eines Tages – er war noch keine dreißig – beschlossen, mit alldem aufzuhören und die Ingenieurstelle anzunehmen, die ihm das Elektrokabel und Drähte produzierende multinationale Unternehmen angeboten hatte. Das war eine weise Entscheidung, die ich niemals bedauert habe, vertraute mir Markus Berger an, denn im Bereich der

Kunst, egal in welchem übrigens, ob in der Musik, in der Literatur, der Malerei genauso wie in der Philosophie und selbst in der darstellenden Kunst, gilt es, *primus inter pares* zu sein, gilt es, unvergleichlich zu sein oder nicht zu sein, was einen übermenschlichen Willen und eine übermenschliche Begabung voraussetzt, denn für die zweite Liga ist kein Platz (oder aber ein jämmerlicher). Ich bin bestürzt, gestand mir Markus Berger, welchen begeisterten Beifall man in der sogenannten bildenden Kunst all den Künstlern spendet, die am Ende, wenn auch unwissentlich, dieses »alles ist Kunst, jeder ist Künstler« anerkannt haben, was sie nun seit dem unseligen Duchamp dermaßen verfolgt, dass sie im weltweiten humoristischen Gefummel der jugendlichen Internationalen und der *Diskothekenmusiken* nach und nach vollends verschwinden werden, still und leise die ersten, mit Taubenfüßen, aber was kümmert uns schon das Verschwinden der bildenden Kunst, sagte Markus Berger lachend, wo wir ja noch an die Musik glauben¿ An dem Tag, als mir klar wurde, dass ich immer bloß ein guter Sänger sein würde, habe ich meine Karriere von heute auf morgen aufgegeben, man muss Hans Hotter sein oder nichts, das ist die Wahrheit, Raphael oder nichts – *anch'io son pittore!* –, Alban Berg oder nichts usw., in der Kunst ist nur der absolute Erfolg von Bedeutung, der ebenso außergewöhnlich wie ungerecht ist, im Grunde genommen, was man aber in unserer Zeit der journalistischen Demokratie nicht wahrhaben will (es sei denn, man mythifiziert ihn auf blödsinnige Weise). Anstatt ein »guter Sänger« zu bleiben, wollte ich lieber ein ausgezeichneter Ingenieur werden, und jetzt arbeite ich seit beinahe dreißig Jahren in derselben Firma und bin mit einer ebenso nützlichen wie spannenden Tätigkeit sehr erfolgreich. Ich habe mir sogar das Vergnügen gegönnt, mit meinen Mitarbeitern an der Entwicklung der berühmten Lautsprecherboxen der Marke XXX mitzuwirken, die ich als Musiker für die besten Geräte der Welt halte, was mir eine tiefe Befriedigung verschafft. Ich entsinne mich, dass ich Markus Berger sofort fragte, ihn beinahe flehentlich bittend, wie und zu welchem Preis ich mir diese Wunderwerke sowie die notwendigerweise dazugehörenden Geräte beschaffen könne. Dank ihm konnte ich mir dann die legendäre Anlage XXX (laut Werbung der Rolls-Royce unter den Stereoanlagen, die in der ganzen Welt nur wenige hundert Kenner besitzen) zu einem Ausnahmepreis anschaffen, der kaum höher war als das Budget, über das ein kleiner afrikanischer Staat verfügt, und der mich nur halb ruinierte. Dieses herrliche technologische Ensemble, es dauerte einen Tag, bis es installiert war (ein Superteil mit einer Wahnsinnspower, äußerte sich der junge Techniker und schlug zur Einweihung das merkwürdige Stück *I Gonna Fuck White Pigs* von den Black Savages vor, woraufhin ich mir doch erlaubte, lieber den Anfang der *Johannespassion* von Bach zu hören: *Herr, Unser Herrscher*), dieses Ensemble schaffte es, zum Erstaunen meiner Besucher, ein recht großes Wohnzimmer im Stil des 18. Jahrhunderts in eine sehr kubrickhafte Nebenstelle von Cape Canaveral zu verwandeln; die beiden besagten Boxen, aus einem seltenen Holz gefertigt, das furchtlose Abenteurer unter Einsatz ihres Lebens im tiefsten Amazonas-Urwald gesucht hatten, nahmen den Platz zweier kleiner Schränke ein, und ich schwöre, dass ich gesehen habe, wie die Putzfrau sie beim Wäscheaufräumen mit ratloser Miene inspizierte; die restlichen Teile der Anlage – Tuner, Verstärker, CD-Player usw. – in dunklem Grau und strengen geometrischen Formen aus einem im Weltall auf Unveränderlichkeit erprobten Metall flimmerten im ständigen Blinken der vielen Skalen, auf denen für mich mitunter rätselhafte Zahlen, Buchstaben und Kurven zu sehen waren, die ebenso gut Windstärke und Position in der Galaxis anzeigen konnten wie die Lautstärke der Tenorstimme in der Großen Arie des *Troubadour.* Ich gestehe, es kam einige Male vor, dass ich den Ton ganz abstellte und fasziniert die geheimnisvollen, wie auf Sprechanlagen und Monitoren von Raumfahrzeugen rot und grün blinkenden Skalen betrachtete, mich dabei an meine ganzen Kindheitsbasteleien erinnernd, mit denen ich mein Zimmer in eine geheime Anlage, in ein Atom-U-Boot oder ein Raumschiff verwandelt hatte, und in der Stille des von wechselnden phosphoreszierenden Zahlen strahlenden Halbdunkels murmelte ich: Hallo Erde, ich rufe Mondrakete, *Beam me up, Scotty,* Achtung, wir nähern uns der Andromedagalaxie, merkwürdig, Kommandant, auf allen Monitoren ist ein unbekanntes Objekt zu sehen, okay, Jim, höchste Alarmstufe, gehen Sie zur magnetischen Verteidigung über und setzen Sie die Atomspalter in Gang, ganz ruhig. Der Ton war im Übrigen wirklich fantastisch, in einer Bruckner-Symphonie wähnte man sich bisweilen in der Krawatte der siebenundzwanzigsten Geige der Wiener Philharmoniker, so groß war die Präzision der Geräte. Ich beglückwünschte Markus Berger zu diesem großartigen technologischen und musikalischen Erfolg, all das verdanken wir Ihrem Wissen über Elektrodrähte, sagte ich. Trotz der Perfektion, die wir erreicht haben und die es Ihnen nun ermöglicht, auf mehr als ideale Weise das Végh-Quartett, Rudolf Serkin oder Ihren werten Hermann Prey zu hören, ist das alles doch nur *Trug*, das wissen Sie so gut wie ich, gab mir Markus Berger zur Antwort, nur eine Täuschung, die niemals die Präsenz ersetzen kann, nur für die herrschenden Musiken, die ja alle *Diskothekenmusiken* sind, trifft das wahrscheinlich nicht zu, ich frage mich sogar, ob, alles in allem, unsere ganze Technik der Musik nicht zuwiderläuft, ob sie uns nicht zum zerstreuten und somit verachtenswerten Musikhören verleitet hat, wogegen die ganze moderne Musik ja immer revoltierte, ob sie uns nicht letztlich in einem Maße gezwungen hat, gegen unseren Willen überall die infamen weltweiten *Diskothekenmusiken* zu ertragen, dass wir inzwischen *Hass auf die Musik* verspüren, nach genauem Abwägen, zog mein Freund Markus Berger lachend den Schluss, war meine Karriere in der Branche der Elektrodrähte vielleicht doch keine so gute Idee. In all den Jahren, in denen ich Markus Berger kannte, trafen wir uns beinahe jeden Monat in Paris (oft zwischen zwei Flügen, denn er war für *seine Firma* viel auf Reisen), gewöhnlich nach einem gemeinsamen Konzertbesuch, zu *unseren musikalischen Diners*, die einem Ritual folgend in der berühmten Brasserie L'Orfeo im achten Arrondissement stattfanden. Es war eine schöne Brasserie (und ist es noch, aber ich gehe nicht mehr hin) im Stil der Jahrhundertwende, in der wir in angenehm hektischer, sehr pariserischer Atmosphäre von traditionell schwarzweiß gekleideten Kellnern professionell bedient wurden und in der sich einige Tische – von denen wir immer einen reservierten – wie in einem Theater in Logen befanden, von denen aus man die Möglichkeit hatte, den Saal zu beobachten und ungestört zu reden, ohne laut werden zu müssen. Selbstverständlich gab es keinerlei *Hintergrundmusik*, was uns gezwungen hätte, die Örtlichkeit auf der Stelle zu verlassen, aber so etwas war im L'Orfeo ausgeschlossen. So besuchten wir eine beträchtliche Anzahl von Konzerten und Opernaufführungen, die meisten davon waren mittelmäßig, manche absolut scheußlich, denn aus allem, was in Paris oder anderswo ständig aufgeführt wird, in sämtlichen Sparten, natürlich auch im Film, ergibt sich ein nicht mehr als kaum passabler Durchschnitt, und nichts ist deprimierender als gerade noch passable Musik, eine mittelmäßige Bach-, Mozart- oder Wagner-Interpretation kann einen in schwarze Melancholie stürzen, und von Unfähigen vollständig sabotierte *Freischütz-* oder *Don Giovanni-*

Aufführungen treiben einen in die schlimmste Gereiztheit und Verzweiflung, doch anschließend gingen wir ja Gott sei Dank immer zusammen in die Brasserie L'Orfeo. Im Übrigen hatten wir auch wundervolle Abende, ein stupendes Konzert im Ircam, ausgezeichnete *Meistersinger,* einen Liederabend mit Wolfgang Holzmair, den wir in Frankreich mit als die Ersten entdeckten und dessen Gesang uns überzeugte, dass die großen Meister der Nachkriegszeit ihrer würdige Nachkommen gefunden hatten. Nach dem Konzert bestellten wir in der Brasserie L'Orfeo einem Ritual folgend in den Herbst- und Wintermonaten Zwiebelsuppe und ein Dutzend Austern, dazu eine Flasche Champagner (oft auch zwei), und in der schönen Jahreszeit – sofern man diesen Ausdruck auf das schlechte Pariser Klima, dessen dauernd nasses Frühlingswetter uns stets aufbrachte, überhaupt anwenden kann – Spaghetti Carbonara, deren delikater Geschmack und perfekte Konsistenz – weder waren sie zu trocken, noch schwammen sie in Sahne – mich immer an die besten römischen Restaurants erinnerten. Auch in Zürich, Wien und Venedig (nach einem beachtlichen *Parsifal*) hatten wir einige *musikalische Diners* – und in New York, dieses großartige Diner sollte leider unser letztes sein. Die Gespräche während unserer *musikalischen Diners* waren von allen Gesprächen, die ich in meinem Leben geführt habe, die spannendsten, bereicherndsten und witzigsten, und an sie, an ihre Musik habe ich mich erinnert, als ich mich an diese *romanhaften Berichte* machte. Wie schreibt Deleuze: *Jeder Philosoph ergreift die Flucht bei dem Satz: diskutieren wir doch ein bisschen.* Jeder *wohlgeborene* Mensch, fügt er noch hinzu, kann nur entsetzt sein, wenn man ihm »eine nette kleine Diskussion« vorschlägt. Sokrates hat nie dialogisiert, im heutigen betrüblichen Sinn des Wortes, er hat nichts anderes getan, als einfach pausenlos auf seine Zuhörer einzureden, so dass diesen nur noch blieb, den Mund zu halten. Eigentlich, sagte ich zu Markus Berger bei einem unserer Zwiebelsuppen-Austern-Diners, gleichen unsere Gespräche – die ja kaum welche sind – nicht unbedingt den wunderbaren Violin- oder Klarinettensonaten von Mozart, Beethoven oder Brahms, sondern eher diesem genialen Stück – Meisterwerk der Jahrhundertmusik zusammen mit den *Bagatellen* von Webern – *The Unanswered Question* (die unbeantwortete Frage) von Charles Ives, in dem das Orchester, reglos, geheimnisvoll, in einem romantischen Gestus über dem immer selben gehaltenen Akkord schwebend, sieben Mal (so weit ich mich entsinne) von wenigen atonalen Tönen einer Trompete unterbrochen (befragt¿) wird – als wäre die Frage auch die Antwort oder umgekehrt, als kündigten diese wenigen radikal metaphysischen Takte vor einem nahen und gleichzeitig fernen Klanggebilde bereits Schönbergs schreckliche Dissonanz und Heideggers *Not der Notlosigkeit* des zeitgenössischen Menschen an, kurzum. Unsere Gespräche waren wie Redeblöcke, die wir abwechselnd rezitierten, dabei harmonierte jedes Stück in seiner Art, seinem Rhythmus und seiner Musikalität mit dem Stil des anderen, eine der Kunst des Kontrapunkts würdige Übung; so also verliefen unsere beinahe vierzehn Jahre lang regelmäßig stattfindenden *musikalischen Diners*, und nach dem Tod von Markus Berger habe ich versucht, ihnen ihren entschwundenen Klang wiederzugeben.

Im Bereich der Kunst, sagte Markus Berger zum wiederholten Male, welcher Bereich das auch sei, gilt es, darüber lässt sich nun mal nicht diskutieren, der Beste zu sein oder nichts, zumal unsere fürchterliche Epoche die Epoche der zweitklassigen Künstler ist, noch nie, zu keiner anderen Zeit, gab es so viele Künstler jeden Genres und insbesondere Romanciers, sogenannte *Kunstschaffende* und Sänger von *Diskothekenmusik*, die selbstverständlich alle zweitklassig sind und von denen nicht wenige in der allgemeinen Konfusion anerkannt und gefeiert werden, in dem nebulosen nihilistischen Glauben, die Kunst sei überall und nirgends, da sie ja der Vergangenheit angehört, tatsächlich ist der zweitklassige Künstler, so wie der Journalist oder der Ideologe (oft bilden die drei ein Gespann), der eigentliche Repräsentant von Epochen künstlerischer und spiritueller Seichtheit. Ein Grund mehr, fügte er hinzu, mit einem Lächeln, das mich zu Tränen rührte, an Ihren *romanhaften Berichten* weiterzuschreiben, allen Schwierigkeiten zum Trotz, ganz gleich, was passiert. Ich habe Ihren verehrten Hermann Prey Anfang der 1970er Jahre in Salzburg gehört, mit vierzig Jahren war er damals auf dem Höhepunkt seiner Kunst, ich gebe zu, dass ich nie etwas so Schönes gehört habe, und es ist mir noch gut in Erinnerung, wie ich mir im unvermeidlichen Salzburger Regen mit einer Art Befriedigung sagte, dass ich recht getan hatte, mit dem Singen aufzuhören und dafür mit einigem Erfolg als Ingenieur in einer großen Firma zu arbeiten, denn so entging ich jener Laufbahn, wurde nicht einer der unzähligen zweitklassigen Künstler, die ja die schreckliche Wahrheit unserer Epoche sind.

Kurz nach Markus Bergers Tod erschien im Handel eine Platte mit der Aufnahme eines Salzburger Konzerts von Hermann Prey aus dem Jahr 1970, und ich konnte auf der besagten, von meinem Freund entwickelten Anlage XXX Hermann Preys sublime Stimme jener Zeit hören, die noch vollkommener war als die, die ich ungefähr zwölf Jahre später zum ersten Mal bei den »Montagen« im L'Athénée gehört hatte. Obwohl für meinen Geschmack die oft wundervollen Lieder von Pfitzner und Strauss etwas zu spät gekommen sind und in ihnen schon das Ende der Gattung anklingt, das, was Hermann Prey daraus gemacht hat, ist ohnegleichen und unerreicht auf diesem Gebiet. Wie er in dem Strauss-Lied *Mit deinen blauen Augen* seine zurückgenommene, am Anfang vom Klavier beinahe übertönte Stimme, durchdrungen von ungeheurem Ernst und unwiderstehlicher Kraft, langsam anschwellen lässt, da mag Wolfgang Sawallisch noch so toben, und er sie dann eine vorübergehende Ewigkeit lang mitten in »Gedanken« verweilen lässt, darin offenbart sich für mich die reine Schönheit des Gesangs. Was aber Hermann Preys Genie tatsächlich ausmachte, begriff ich erst, als ich eine Platte mit einer ganz unglaublichen Auswahl seiner Lieder hörte – genau die Platte, aus deren Beitext ich von seinem Tod erfuhr. Hier brillierte er nicht nur mit Wiener Operettenmelodien wie Wunderlich, Schwartzkopf und andere Größen, sondern er scheute sich auch nicht, wie im Varieté, von einem Tanzorchester begleitet, Schlager zu interpretieren, hinreißende Wiener Lieder, metaphysisch-süßlich und sentimental-schmalzig, Lieder, die man auch im Sacher oder auf der Terrasse des Florian hören könnte, wie das unglaubliche *Im Café de la Paix in Paris*, das seine samtige Stimme zu einem sublimen Genuss werden lässt, zugleich unterhaltsam und berührend, was für mich die höchste Kunst ist. Hermann Prey war der größte *Crooner* des 20. Jahrhunderts, das ist die Wahrheit. Neben ihm sind Elvis Presley und selbst Frank Sinatra (den ich ansonsten immer als Interpreten großer Hollywood-Musicals bewundert habe) lediglich Prothesenwisperer, wie übrigens die meisten sogenannten großen Sänger des Zeitalters der technischen Verfälschung, wohingegen Hermann Preys Stimme wie von selbst zu den Sternen steigt. Es ist wirklich kaum zu glauben, sagte Markus Berger in der Brasserie L'Orfeo, dass Sängerinnen und Sänger von Weltberühmtheit alle tatsächlich nur Sängerinnen und Sänger mit *Mikro* sind, dass ihre Stimmen ohne diese Prothese gerade bis zur zweiten Parkettreihe reichen würden und sie selbst im kleinsten Saal nicht zu hören wären – dabei singen sie vor Abertausenden Zuhörern, die sie nur in der Ferne erahnen und nichts hören außer elektrischem Geschrei mit Schlagzeuggedröhn –, alle diese sogenannten internationalen Sängerinnen und Sänger sind, welcher Musikrichtung sie auch angehören mögen, nur Varieté-Künstler, Interpreten von *Diskothekenmusik*, und genau diese allgemeine und weltweit anerkannte Hochstapelei, sagte Markus Berger, findet sich auch bei diesen sogenannten zeitgenössischen Malern, die auf Leinwände projizierte Fotos abzeichnen und kolorieren und schamlos das Abziehbildverfahren neu erfinden, die sogenannte bildende Kunst gleicht den weltweiten *Diskothekenmusiken*, zu denen sich die meisten der gefragten Kunstschaffenden ja auch bekennen, immer mehr; wir leben in traurigen Zeiten des technischen Bluffs der künstlerischen Internationalen, das ist der unausweichliche Gang der Kunst, bis hin zu ihrer sicheren Auflösung in einer Art universellen und totalitären *Unterhaltung*, das behauptete Markus Berger in der Brasserie L'Orfeo. Der Inbegriff des heutigen schöpferischen Menschen ist der DJ, wir müssen alle DJs werden, hat ein junger und berühmter zeitgenössischer Künstler ganz zu Recht verkündet, ließ mich mein Freund Markus

Berger wissen. Doch Hermann Preys Stimme stieg von allein zu den Sternen, er konnte Mozart und Wagner genauso gut singen, wie er entzückende Kaffeehauslieder sang, er war, vielleicht ohne sich dessen wirklich bewusst zu sein, der größte *Crooner*, den es je gab, weil er aber auf Deutsch sang, hat das niemand bemerkt. Natürlich und ohne Mikro, mit seinem besonderen unvergesslichen Timbre, das in den Höhen genauso schön war wie in den Tiefen, und mit seiner perfekten Diktion sang Hermann Prey, begleitet von einem Tanzorchester (Cymbalons, Kastagnetten, Barpiano, Zigeunergeige und andere unbestimmbare Instrumente) *Kennst du die Notre-Dame / Und die Champs-Élysées / Das berühmte Café / Das Café in der Rue de la Paix*, er sang auch *Du hast Glück bei den Frauen, Belami … / Bist nicht schön, doch charmant / Bist nicht klug, doch sehr galant / Bist kein Held, nur ein Mann, der gefällt*, dabei gab er auf eine unverwechselbar humorvolle Art den französischen Wörtern einen wienerischen Klang, sang köstliche *che fous aime*, hauchte sogar mh-mh-mh (Prey singend!) auf eine Art, die Sinatra vor Eifersucht hätte erblassen lassen, er sang *Ich tanze mit dir in den Himmel hinein*, und diese ganze Wiener Kaffeehausmusik, voll köstlicher, süßer Melodien, wird durch seine Interpretation, die dem Vortrag seiner Kunstlieder ähnlich ist, zur Sublimation der Rührseligkeit des Schlagers; in Hermann Preys Interpretation dieses Repertoires wird tatsächlich das metaphysische und sentimentale Wesen der Musik hörbar. Seit Mozart geht es der abendländischen Melodik (die einzige natürlich, die uns interessiert, sagte Markus Berger) um *die Interpretation* von Dichtung (hauptsächlich der deutschen, der poetisch-musikalisch schönsten Sprache), *prima la parola,* die Verklärung des Wortes durch die Musik, selbst bei Berio oder Boulez, und diese Musik ist ihrem Wesen nach metaphysisch-sentimental. Das romantische Lied ist ein typisches Beispiel dafür: die Vollendung von Dichtung in der und durch die Musik (Goethe, Eichendorff, Heine, Schubert, Schumann und all die anderen in solcher absoluten Dichtung/Musik) – Gott, das Leben, die Liebe, die Zeit und so fort, in einem Wort, alles, was wir empfinden – wie Samuel Fuller in *Pierrot le Fou* sagt. Denn für mich, vertraute ich Markus Berger an, gäbe es Empfindung nicht, wenn es Musik nicht gäbe, deshalb wäre das Leben ohne Musik ein Irrtum. Musik ist reine Empfindung, oder vielmehr ist sie möglich gemachte Empfindung, *berechtigte* Empfindung. Der Tod eines nahestehenden Menschen, das Meer, manche Seiten Literatur oder einige Momente von Kino haben mir bisweilen Tränen in die Augen getrieben, aber bei vielen, oft einfachsten Melodien habe ich das unglaubliche Gefühl gehabt, ich könnte – *könnte* – augenblicklich in Schluchzen ausbrechen. Der heilige Paulus hat auf seinem Weg nach Damaskus vielleicht einfach nur jemanden singen gehört, warf Markus Berger ein. Die Aufgabe der Musik ist es nicht, das Leben der Menschen zu besingen, sondern das Leben selbst, die unmögliche Empfindung des Lebens wiederzugeben, das immerwährende, nicht vorstellbar Anwesende. »Singen bedeutet für mich Gefühl«, behauptete Hermann Prey, »denn nicht das Leben ist bewegend, allein seine Vorstellung ist es.« Deshalb war Hermann Prey genauso erschütternd, wenn er Schubert oder Schumann sang, wie wenn er den Kaffeehaus-Schlager *Sag beim Abschied leise Servus* vortrug und dabei das metaphysisch-emotionale Wesen der Musik zum Vorschein brachte, weit besser als die größten Künstler der Music-Hall, die auf diesem Gebiet mitunter Meister sind und bei denen Sänger etwas lernen könnten über theatralische Leere und das Wesen des Affektiven. *Ich singe mein schönstes Lied / Wenn ich verliebt bin ... denn jeder Liebestraum ist schon Musik* – herrlich, wie Hermann Prey diesen Wiener Operetten-Schlager sang und, wie das die großen Musicals von Minnelli und Wagners *Meister-*

singer tun, wie er zeigte, dass der wahre Gegenstand des Schauspiels das Schauspiel selbst ist und was die Musik besingt, die Musik selbst ist, das heißt die nicht wiederzugebende Empfindung des Lebens in ihrer metaphysischen Essenz. Hermann Prey gelang es wie Gene Kelly, das wahrhaftig große metaphysische Gefühl weiterzugeben, das sich, leider so selten, in Konzerten der leichten Muse offenbart und das die ganzen *Diskothekenmusiken* unbarmherzig zerstören. Hermann Prey zitierte oft Grillparzers berühmten Satz aus *Die Straßenmusikanten*: *Sie spielten Johann Sebastian Bach oder Wolfgang Amadeus Mozart, aber sie spielten nicht den lieben Gott.* Denn was der Musiker sucht, ist die allerletzte ununterbrochene Melodie, »die Melodie, die wir alle in Bälde mit den Engeln singen werden«, sagte Hermann Prey lächelnd und begann zu singen.

Und jetzt Ruhe, ihr Mikrofonlutscher, Heulbojen aus den Tonstudios, ihr faden Wisperer, Playbacksänger, ihr Bercy-Großkonzertpilger, ihr Kreativ-DJs für hippe Analphabeten und abgedrehte Snobs durchgemachter Nächte, ihr abgewrackten Rocker, ihr abgerissenen Rapper, ihr geblufften Bluffer, Kuschelmusiksänger ohne jeden Charme und ihr vollgedröhnten stimmlosen Woodstockschreihälse, ihr Hitparadensieger von Radio-Kakerlake, Improvisatoren billiger Lieder, ihr hohlen Rapper der multikulturellen mediatisierten Vorstadtpseudorevolution, ihr elektrifizierten Klampfenklimpferer, Ruhe, seid endlich ruhig, und ihr auch, stocktaube Hörer des dauernden Geplätschers, kreischende Fans unanhörbarer Konzerte, ihr jungen Diskodeppen, ihr alten Neoklassiker aus den Vorstandsetagen, ihr debilen Ideologen der Jugendmusik und der rappenden Postmoderne, ihr ministeriellen Musik-ist-gleich-Musik-Demagogen, ihr Sturköpfe der niederbretonischen Folklore und des Bantu-Singsangs, ihr widerlichen Einheitssoßenmoderatoren, Ruhe, seid endlich ruhig, wer nicht ohne Mikro singen kann, soll gehen, wer auf Englisch plärrt, soll den Mund halten, wer behauptet, er würde in Diskotheken und auf Rave-Partys Musik hören, soll bei Tagesanbruch für immer verschwinden, wer Schlagzeug spielt, soll abhauen, Ruhe, seid endlich alle ruhig, Rockerinnen und Rocker, Rapperinnen und Rapper, Fummler und Zapper, ihr Wanderer ohne Wanderung und ihr Spaziergänger auf Rollen, ihr Musikjogger und Läufer im Lärm, Träger von Handys mit der *Kleinen Nachtmusik* oder den ersten Takten der *Fünften Symphonie,* taube Ohren, schreiende Münder, Radio-Fernsehen, Musik für Moneten, Kaufhaushintergrundmusik und die von Flughäfen und von überall, es reicht, zu viele Töne, zu viele Trommeln, zu viel Zeugs aller Art, es reicht, seid endlich ruhig, basta la musica, Stille, nichts als Stille und nur Stille – der Vorhang öffne sich, das Klavier präludiere, und Hermann Prey beginne zu singen.

Bei einem unserer musikalischen Diners in der Brasserie L'Orfeo, als wir uns an unserer Zwiebelsuppe und unseren Austern gütlich taten, nachdem wir zuvor in der Opéra Bastille einen schrecklich stümperhaften *Don Giovanni* gesehen hatten, einen mehr unter so manch anderen, verfiel ich darauf, Markus Berger meine erste musikalische Erfahrung zu schildern, so unglaublich sie Ihnen auch scheinen mag, sagte ich zu ihm. In den vierzehn Jahren, die ich in demselben großen Provinzgymnasium zubrachte, hat man uns nicht ein einziges Mal die Welt außerhalb dieser berühmten Anstalt gezeigt – und so kannte ich vierzehn Jahre meines Lebens immer nur dieselben dunklen und stinkenden Räume, dieselben von Platanen umgebenen Pausenhöfe und denselben trostlosen Anblick von Scharen von Jungen jeglichen Alters – nicht ein einziges Mal, vielmehr ein einziges unheilvolles Mal. Ein von uns, ich weiß nicht, warum, mit dem

Spitznamen »Saucisse« – »Würstchen« – ausgestatteter Geschichts- und Erdkundelehrer unterfing sich eines Tages, von einer in ihrer Neuartigkeit geradezu wahnwitzigen Eingebung erfasst, einen Bus zu mieten, um mit uns einen großen Staudamm zu besichtigen, der in den Alpen gerade gebaut wurde. Denken Sie sich das Ende der 1950er Jahre, die erschreckende Ansammlung einer Schulklasse von eben erst geschlechtsreifen Jungen, manche von ihnen in grauen Schulkitteln, die sich, plötzlich gleich Sträflingen, denen man ohne triftigen Grund eine bedingte Freiheit gewährt hatte, an einem sonnigen Vormittag sprachlos vor Verblüffung in einem Bus wiederfinden. Zunächst geschah eine Zeit lang nichts, es herrschte ein Zustand verständnisloser Betäubung – wie die Löwen und Tiger vor sich hin grummeln, vom Sonnenlicht geblendet, sich strecken und gähnen und anscheinend die am anderen Ende der Arena betenden christlichen Märtyrer nicht sehen. Zu diesem Zeitpunkt womöglich muss es gewesen sein, dass der Lehrer und der Kollege, der ihn begleitete – und wahrscheinlich auch der Busfahrer –, sich mit einem Mal der Gefahr bewusst wurden, in der sie sich befanden. Das war jedoch ein wenig spät. Die Weltuntergangsstille verdichtete sich mehr und mehr, wie Wolken sich zu einem Sturm zusammenbrauen; solche apokalyptisch drohende Schüleraufsässigkeit habe ich in meiner Schulzeit mehrmals erlebt. Die Fantasie gerät auf Abwege: Wir wären möglicherweise zu allem imstande gewesen, den Bus in Brand zu stecken, ihn in die Schlucht zu lenken, Autos zu bombardieren, was weiß ich? Doch es fügte sich – soll ich sagen, zum Glück? –, und einem Schüler, der schon etwas weiter entwickelt war, fiel ein anzügliches Lied ein: Bald war im Bus ein dumpfes Grollen zu vernehmen, gleich dem vom anderen Ende der Avenue kommenden noch weit entfernten Klang, wenn die Menge die Internationale singt. Und endlich ertönte donnernd das »larirette, larirette«, das wir dann mit gereizter Zwanghaftigkeit wohl immer weiter sangen, endlos, während der ganzen Fahrt. Nachdem wir an dem berühmten Staudamm angekommen waren, ließ man uns kurz aussteigen, bevor in aller Eile die Rückfahrt angetreten wurde: Ich erinnere mich noch an etwas Blaues, an klare kalte Luft, und an, ich glaube, ockerfarbene Berge. Auf der Rückfahrt brach der Sturm dann los. Das Wagenblech vibrierte, die Scheiben zitterten, während sich die Lehrer an ihren Sitzen und der Fahrer an seinem Lenkrad festklammerten: *larirette, larirette!* Der Karren des Hauses Tellier wäre bei weitem nicht so irrsinnig erschienen wie dieser durch die Alpen fahrende, von Wahnsinnsgeschrei erfüllte Bus. Noch schwerer zu ertragen waren aber die Augenblicke, in denen das »larirette« aussetzte: In einem fein abgestimmten Gemurmel, das sich langer Übung verdankte, war dann ein befremdliches, von einigen Stimmen wie ein Rätsel geflüstertes »Sau-un« zu hören, dann von immer zahlreicher und bedrohlicher werdenden Stimmen ein »Sau-deux«, ein »Sau-trois«, gleich dem furchtbaren »Barrabas« der Menge in der *Johannespassion*, bis schließlich die fünfzig Choristen zusammen ihr erschreckendes »Sau-six« plärrten. Ich sehe den armen Mann noch vor mir: Während ein Chor von Schwachsinnigen ihm erbarmungslos und gehässig dieses »Saucisse« entgegenbrüllte, schrie, grölte, wandte er sich zu uns um mit einem bejammernswert aufgelösten Blick, der uns begeisterte – er mag da vielleicht jenes Entsetzen verspürt haben, von dem uns Paul Dukas in seinem *Zauberlehrling* eine Vorstellung gibt –, dann krümmte er sich wieder jämmerlich auf seinem Sitz zusammen, derweil das »larirette, larirette« von neuem einsetzte. *En chemin elle rencontre / Larirette larirette / Quatre jeunes et beaux garçons*[1],

[1] Unterwegs, da trifft sie / Larirette, larirette / Vier hübsche junge Burschen

ich sang damals fürchterlich falsch und war so schüchtern und verängstigt, dass ich wohl ein nur unhörbares »larirette« zwischen den Zähnen murmelte, aber ich war außer mir und glücklich, dass ich, wenn auch in bescheidenem Maße, so doch an der kollektiven Anstrengung teilhaben durfte, gleich dem von der Partei auf zweitrangige Aufgaben verwiesenen Aktivisten. Gegen Ende der Fahrt, bei Anbruch der Nacht und der dreihundertfünfzigsten Wiederholung von *Ce que fit le quatrième / Larirette larirette / N'est pas dit dans la chanson*[2] (und was er wohl gemacht haben mag, blieb uns trotz einer Unterrichtsstunde über die Geschlechtsorgane der Mäuse ebenso unvorstellbar und unbegreiflich wie die entferntesten Galaxien des Universums), während endlos das schreckliche und lächerliche *Dies Irae* von außer sich geratenen, dummköpfigen, unterdrückten Halbwüchsigen erscholl, gab es einen Moment, wo der Bus im aufflackernden Schein der Randale vom Wahnsinn angeweht wurde. Ich habe die unerhörte und ganz sicher abstoßende Kraft dieses wütenden Aufbegehrens, dem dieses belanglose, zotige und debile Lied Ausdruck verlieh,

---

2 Was der Vierte trieb / Larirette, larirette / Verrät das Lied uns nicht

später nie wieder gefunden. Das Gymnasium tauchte schon im Scheinwerferlicht auf, als wir immer noch brüllten (ich frage mich, wie man es schaffte, uns zum Aussteigen zu bewegen, und in welchem Zustand wir uns befanden): *La morale de cette histoire / Larirette larirette / Est que les hommes sont des cochons*[3], das absurde Bekenntnis dieser hypothetischen Geilheit, das wir voll Unschuld hinausposaunten, muss von einer Gombrowiczen Obszönität gewesen sein. So wie das belgische Volk mithilfe von Aubers *Die Stumme von Portici* seine Einheit geschaffen hat und das italienische Volk die seine mit der Arie »Va Pensiero« aus Verdis *Nabucco*, so fanden wir in »larirette« mit einem Mal eine verworrene, provisorische, unsere ohnmächtige Wut kanalisierende Hymne für unsere gerade beginnende bedauernswerte, katastrophale und grauenhafte Adoleszenz, während derer wir eingesperrt waren in finsteren hohen Räumen, hinter Platanenreihen, die uns die Jahreszeiten bloß erahnen ließen. Alle wirklichen Revolutionen werden aus der Musik geboren, Anfang und Ende jeder Revolution ist der Gesang, vergessen wir das nie, Kame-

3 Die Moral von der Geschicht' / Larirette, larirette / Ist, dass Männer Schweine sind

rad, sagte ich und hob vor meinem zusehends verlegener werdenden Freund Markus Berger diskret die geballte Faust, inmitten der fiebrigen Pariser Atmosphäre der Brasserie L'Orfeo, ja, Kamerad, allein die Musik ist revolutionär, nur in der und durch die Musik findet die Revolution statt, da ist keine Rettung außer in der Musik. Ja, ja, ich weiß, setzte ich hinzu, da ich wohl begriff, dass es Markus Berger, in Anbetracht seiner eigenen Erziehung, einigermaßen schwerfallen musste, die Beschwörung jener elenden wahnsinnigen Jahre zusammenzubringen mit dem, gewiss, sich noch etwas jugendlich gebenden, augenscheinlich aber doch vernünftigen, eleganten und wohlerzogenen Mann, den er vor sich hatte und den er schätzte, ja, Sie sind überrascht, sagte ich, doch ich habe Entsetzliches durchgemacht, ich habe den Abgrund gestreift, um neu geboren zu werden, mein Name ist – *Monte Christo* –, was zu meiner großen Zufriedenheit Markus Berger zum Lächeln brachte. Ich muss Ihnen gestehen, entgegnete mir daraufhin Markus Berger an jenem Abend im L'Orfeo, dass, selbst wenn meine Geschichte auch in den Alpen spielt, meine erste und stärkste musikalische Empfindung doch ein wenig anders geartet war. Meine Mutter pflegte den »Salon Berger« über die Weihnachtstage nach St. Moritz zu verlegen, wo wir ein schönes Haus besaßen; mein Vater seinerseits war nur bereit, für die Diners am Heiligabend und am Silvesterabend seine Zürcher Büros zu verlassen. Eine Freundin meiner Mutter, damals eine bekannte Sängerin, Madame X, sang für uns eines Abends einige ihrer Erfolge, die von Mozart bis Strauss reichten, wobei sie bald von einem Freund, bald von meiner Mutter oder von mir selbst am Klavier begleitet wurde. Wir tranken alle reichlich Champagner, es war sehr amüsant. Außerdem hatte Madame X nichts von der Castafiore, sie war eine schöne Frau von ungefähr fünfunddreißig Jahren, *bionda e grassotta*, von ungemeinem Frohsinn, mit einer sehr angenehmen Stimme. Wie alle Abendgesellschaften im Hause Berger war auch jene außerordentlich fein; die Rolle des Ehrengastes war diesmal unserem verehrten Jean Cocteau zugefallen, einem wahren *Getreuen*. Wir beschlossen, Madame X zu ihrem in einiger Entfernung gelegenen Chalet nach Hause zu begleiten. Es war eine großartige Nacht, das Eis auf den Seen, der Schnee auf den Tannen, das ganze Engadiner Tal glitzerte im Mondlicht, *und meine Seele spannte*, und ich war fünfzehn Jahre alt. Ich glaube, ich muss damals ziemlich widerwärtig gewesen sein in der Art, sehr blond, sehr schön, sehr elegant, sehr snobistisch, dabei von der schüchternen Arroganz junger Leute, Madame X hingegen, der Champagner tat ein Übriges, verbarg das Interesse, das sie ihrem jungen Begleiter entgegenbrachte, keineswegs. Cocteau durchschaute dies rasch, und um Madame X zu ermutigen, die sich, ganz zu Unrecht, durch die Anwesenheit meiner Mutter geniert fühlte, vergnügte er sich damit, mir auf bestimmte glanzvolle Weise den Hof zu machen, worauf er sich bestens verstand; ich sehe noch seine langen Hände in der Helle des Schnees und des Mondes wie Schmetterlinge um mich herumflattern. Natürlich war ich in keiner Weise hilfreich, und außerdem musste ich weder etwas sagen noch etwas tun, was kann einem Jugendlichen Besseres passieren. Als wir schließlich vor dem Chalet unserer Freundin ankamen, zeigte sich Cocteau großartig. Mit einem hinreißenden Zaubertrick der mondänen Art – meine Mutter und ihre Gäste sollten mit ihm zum Seeufer kommen, wo er ihnen Gedichte vortragen wollte, den *Kehlkopf von unschätzbarem Wert* aber beschwor er, sich nicht länger der schrecklichen Kälte auszusetzen (mit der Nerzstola riskierte er zwar nichts, aber gut), wobei er mich inständig bat, gleich Lanzelot über ihn zu wachen – schaffte er es im Handumdrehen, dass man Madame X und mich alleine vor der Tür stehen ließ. Es blieb uns nur noch, hineinzugehen. Was soll ich Ihnen sagen? *Alles verlief auf schlichte, angemessene Weise und von seiner Seite ohne jede Affektiertheit,* wenn Sie mir erlauben, den berühmten Satz von Stendhal aufzugreifen, für eine allerdings eindeutig weniger schreckliche Situation. Nachdem ich meine Unschuld endgültig verloren hatte, holte Madame X lächelnd eine Partitur, dann setzte sie mich in einem Morgenrock, der wahrscheinlich ihrem Mann gehörte, ans Klavier, und sie, im Déshabillé, begann die Arie des Cherubino zu singen: *Voi, che sapete che cosa è amor …*, was, ich weiß nicht, doch vielleicht ein wenig zu viel Esprit oder Gefühl bewies. Draußen funkelten die Sterne und das Eis in der Nacht, und mitten im Stück musste ich unweigerlich anfangen zu schluchzen, woraufhin ich auf die schönste Weise der Welt belohnt wurde. Verzeihen Sie, lieber Freund, das ist eine etwas romanhafte Geschichte aus der unmittelbaren Nachkriegszeit, Sie waren da noch kaum geboren, und ich finde Ihr »larirette« unendlich viel moderner. Weder an jenem noch an einem späteren Abend gestand ich Markus Berger, dass ich selbst meine Unschuld auf eindeutig trivialere Art verloren hatte, in den damals dunklen schmierigen Gassen hinter unserer Provinzoper, zu jener Zeit noch vom Ruß der Jahrhunderte imprägniert, erinnerte sie entfernt an das Haus Usher, in den gespenstischen Gassen, wo es nach Einbruch der Nacht von märchenhaften Fellini-Geschöpfen wimmelte (diese Stätte des Lasters warf einen fantastischen Glanz auf den ganzen Unterbezirk) und wo schmerzhaft die Flamme des in Wirklichkeit Unerreichbaren leuchtete. Hinter der Oper, sagte ich mir plötzlich, nachdem ich mich von Markus Berger getrennt hatte, hinter der Oper, und so schnell ich konnte, lief ich in Richtung Montparnasse, hinter der Oper, in den finsteren Gassen wie aus viktorianischen Romanen, in den dunklen, ausgestorben wirkenden Provinzgassen, wo hypertrophe Frauenschatten vorüberglitten wie Sirenen des sich nie erfüllenden Traums, in den düsteren Gassen, über denen sich dunkel die gewaltige Masse des Bauwerks des lyrischen Gesangs erhob, *hinter der Oper,* dachte ich, und ich fing an, leicht hysterisch zu lachen, ganz allein, in einer Gasse hinter der Oper, *gleich hinter der Oper,* hörte ich nicht auf, vor mich hin zu murmeln, und lief durch Montparnasse, eine Gasse hinter der Oper, eine Gasse, brummelte ich immer noch, und, hinter der Oper, wieder und wieder, dachte ich, bis zum Schluss.

Ich konnte ja früher nicht wie Sie jedes Jahr nach Bayreuth reisen, um Furtwängler, Nilsson, Hotter und die anderen zu hören, und so war es ein großes künstlerisches Glück für mich, ein sogar ganz unglaubliches Glück, sagte ich bei einem unserer Diners in der Brasserie L'Orfeo zu Markus Berger, *alle* Wagner-Opern und insbesondere die ganze *Tetralogie* an vier Sonntagen hintereinander sehen zu können (eine Cousine und leidenschaftliche Musikerin hatte mich mitgeschleppt), mit ausgezeichneten Bayreuthsängern, in vom damals respektablen Wieland-Wagner'schen Geist inspirierten Inszenierungen, und all diese Wunder in unserer düsteren Provinzoper, nirgends sonst gab es so etwas zu jener Zeit in Frankreich – das ist das schönste Geschenk, das mir diese Stadt gemacht hat, in jener nebligen, feindseligen, grauen, verschlossenen, wagnerianischen Zeit, und ich war sechzehn Jahre alt. Natürlich (ich entsinne mich der wunderbaren Frau Grob-Prandl), die Sänger hatten alle etwas von in leichter Bewegung befindlichen Fässern, das spielte aber überhaupt keine Rolle, die Magie stellte sich trotzdem ein (ich habe sie danach selten wiedergefunden) – und als am Ende des ersten Akts der *Walküre* Siegmund das Schwert aus dem Baumstamm zog und Sieglinde ihm in die Arme fiel, indes der Frühling in der Hütte Einzug hielt, da empfand ich das schönste theatralische und musikalische Gefühl meines Lebens, kurzum. Für Sie klingt das alles vielleicht sehr nach 1900, sehr nach Hanno Buddenbrook, aber am nächsten Tag saß ich ostentativ träumend vor meiner Physikklassenarbeit und betrachtete mit leerem Blick Hof und Platanen, denn wem sich einmal die Pforten des Traums aufgetan haben, wer dem wirklichen Leben begegnet ist, der schaut nur noch betrübten Auges auf die gemeinen irdischen Belanglosigkeiten, vor allem, wenn sie sich in Form physikalischer Probleme darbieten. *Es gibt keinen Montagmorgen, wenn man am Sonntagabend den* Lohengrin *gesehen hat.* Thomas Mann ist unser Herold, von allen Romanautoren hat er bei weitem am besten über Musik geschrieben, lächelnd erhoben Markus Berger und ich gleichzeitig unsere Champagnergläser. Ich habe das seltsame Gefühl, sagte ich zu meinem Freund, da ich ja etwas jünger bin als Sie, der Letzte, wenn nicht gar der Allerletzte eines illustren Geschlechts zu sein, das es fast ein Jahrhundert lang gab, das Geschlecht der Wagner-kranken Halbwüchsigen, einzige Söhne, junge, überempfindsame Knaben in düsteren Gymnasien, die von einer vagen Sinnlichkeit beunruhigt werden und die alljährlich in den Sommerferien mit ihren Eltern ans Meer fahren – und vor allem dies: ein Sonntagnachmittag, hojotoho!, Lohengrin, Siegfried, Brunhilde, die Drachen, Götter, Zwerge und Zauberschwerter, und diese obsessive, heroische, krankhaft sinnliche Musik (Nietzsche hat das alles schon abschließend gesagt), die mit keiner anderen je verschmilzt, wie das Rauschen des Meeres in unendlich weiter Ferne. Kein Montagmorgen mehr! Endlich das Leben besiegt, überwunden, gelichtet, die triumphierende Neurose, eine gleichermaßen übersteigerte und sublimierte Sinnlichkeit; wie viele Hannos oder Marcels haben diesen ein halbes Jahrhundert währenden Montagmorgen nicht gekannt! Doch die Entstehung *gemischter Gymnasien* versetzte dem Wagnerismus, zumindest dem literarischen, einen tödlichen Schlag, der noch viel schlimmer war als das, was die Clique von Regisseuren angerichtet hat, die sich irgendwie als Nachfolger Brechts fühlte. Die heutigen Generationen sind *gesünder*, mit ungläubiger Ironie sagte ich das zu Markus Berger, trinken wir also noch einmal – wir erhoben unsere Champagnergläser – auf die vergangene Neurose und ihre Wonnen, auf das Fehlen des Montagmorgens, auf den Heiligen Gral (wir nahmen unsere Gläser verehrungsvoll in beide Hände, als wir sie langsam erhoben), auf den großen Zauberer persönlich. Und auf Lyon (ein Lyon, das verschwunden ist, versunkener als die Stadt Y, dachte ich bei mir, mit seinen dunklen, verwunschenen Gassen, wie im London von Dickens und im Prag des *Golems*, hinter der Oper oder im Quartier Saint-Jean, ein graues, nebliges, zeitloses, in sich verschlossenes Lyon, gänzlich verschieden von dem heutigen südlich anmutenden und farbenfrohen Lyon). Stellen Sie sich vor, da wir gerade beim Kapitel musikalische Jugenderinnerungen sind, die Rezitale, die mich damals am meisten berührt haben, die mir schon das gleiche Entzücken bereitet haben wie später dann die Liederabende, waren die eines Professors unserer Fakultät, als ich dort Student war. Dieser eminente Spezialist des 18. Jahrhunderts versetzte mit seinem leider sehr seltenen Erscheinen (er kam natürlich aus der Hauptstadt) das überfüllte Auditorium Maximum jedes Mal in solche Begeisterung, dass einige Studenten, um sicher einen Sitzplatz zu bekommen, die zuvor stattfindende jämmerliche Vorlesung eines armseligen Professors besuchten, und Berichten zufolge wurden, wie für die Callas in *Norma* oder für Flagstad in der *Götterdämmerung*, bestimmte begehrte Plätze von einer Vorstellung zur nächsten ziemlich teuer weiterverkauft. Diese Stunde verzauberte einen, ein Vortrag, klug, kenntnisreich, komödiantisch – wie die Vorlesungen seiner Freunde Michel Foucault und Roland Barthes, aber musikalisch war er ihnen noch überlegen –, es genügte, dass er in seinem unnachahmlichen Tonfall, manieriert, distanziert, subtil, die Briefe der kleinen Volanges, die Briefe Valmonts oder la Merteuils vorlas, in die er wunderbar ironische Kommentare einstreute, und man war vollkommen durchdrungen vom Geist des Buches und seiner Zeit, während er für seine begierige Zuhörerschaft nur herablassend spöttische Blicke hatte, wie der Fürst für seine geistig beschränkten vierschrötigen Bauern. Noch heute, sagte ich zu meinem Freund Markus Berger, sind Voltaire, Rousseau, Laclos, de Sade, Boucher und selbst Mozart für mich aufs Engste mit diesem faszinierenden kleinen homosexuellen, gleichzeitig sehr altmodischen und sehr modernen Marquis verbunden, er trug den *Zeitgeist* des Jahrhunderts in sich – den des 18., dessen vollendete *Verkörperung* er war, aber auch den unseren, zumindest den Geist der 1960er Jahre, der bestimmt war vom Triumph der Kritik. Wie alle großen Künstler hatte er eine anfällige Stimme, die auch nicht den geringsten Luftzug vertrug. »Sie wissen, dass ich eine empfindliche Kehle habe«, sagte er schelmisch, wenn er mit einer unnachahmlichen Geste Anweisung gab, das unglückselige Dachfenster am Balkon wieder zu schließen, das jemand einen winzigen Spalt geöffnet hatte. Es war wie in einem überheizten Theatersaal, und das Auditorium Maximum musste dann ohne Murren apoplektische Schweißausbrüche ertragen, wollte es die wöchentliche Ekstase erleben, die ihm doch nur sparsam zugeteilt wurde, denn wie alle großen Interpreten sagte er seine Rezitale oft ab – der größte Schrecken des Musikenthusiasten –, und die Türen unserer Fakultät waren in immer gleicher Regelmäßigkeit mit kleinen schicksalhaften Mitteilungen plakatiert: Herr Professor M. ist erkrankt, Herr Professor M. ist verhindert, Herr Professor M. wurde aufgehalten, kann seinen Kurs für den … noch nicht verbindlich zusagen (ich bin im Übrigen überzeugt, dass bestimmt auch Bourdaloue und Bossuet nur unregelmäßig predigten und dass das Portal der Kathedrale von Meaux oft mit einem Monseigneur ist erkrankt geschmückt war, mit einem Monseigneur ist verhindert, Monseigneur wurde aufgehalten, kann am … nicht auf die Kanzel steigen). Zu Tode betrübt, sandten dann die zahlreichen Gläubigen stille Gebete an dunkle Götter, dass *Er* in der folgenden Woche bitte da sei und endlich die ganze Wahrheit über die vielschichtigen Beziehungen zwischen dem Grafen Valmont und der Marquise de Merteuil ans Licht hole (eine an sich schon schwierig zu erlangende Wahrheit, umso schwerer aber noch, da die meisten jungen Leute, die seine Vorlesungen besuchten, einen Händedruck oder einen flüchtigen Kuss für eine in ihrem eigenen Leben nahezu unvorstellbare Kühnheit hielten). Seine Literaturinterpretation war ein eigenständig schöpferisches Werk, überraschte ich Markus Berger, zumindest dachte ich das damals, wie es unter der erschreckenden Macht des Zeitgeistes jahrelang von allen geglaubt wurde, dass nämlich die großen Interpreten den großen Künstlern ebenbürtig seien (und ihnen im Grunde vielleicht sogar überlegen), eine Absurdität, die Spuren hinterlassen hat, und doch war diese Art des theatralischen solistischen Vortrags eines großen Gelehrten, Schauspielers und Musikers, Künstlers des Glasperlenspiels die einzige Form von Unterricht, die meinem Herzen und meinem Geist Nahrung gab, die einzige, alles Übrige war bloße psychologische Zucht. Schweigen und zuhören, das ist das Wesentliche, während alles gesagt wird und nichts Gehör findet, müsste die Stille wiederkehren, die unmöglich gewordene Stille von einst, Stille, wir brauchen Stille, und unvermittelt, ohne dass wir uns abgestimmt hätten, fingen mein Freund Markus Berger und ich in der Brasserie L'Orfeo an, vor uns hin zu singen, *Silenzio*, zusammen und vollkommen im Takt, *Silenzio*, alle beide, *Silenzio, mezza voce*, stiegen unsere Stimmen die Tonleiter hinauf und verklangen dann sanft im allgemeinen Stimmengewirr.

In den paar Monaten, während deren ich, in Erinnerung an meinen Schweizer Freund Markus Berger und an unsere musikalischen Diners, meine romanhaften Berichte in die wunderschönen, farbig marmorierten Hefte schrieb, deren Seiten wie für eine Partitur liniert sind, die ich immer in Venedig kaufe und die mich auf meinen Sondermissionen außerhalb des Büros in die Tiefe der tunesischen Wüste, unter dunkle Vulkane, an die Ufer einsamer Seen und grenzenloser Ozeane begleiten (»Sie sind ja ein richtiger Globetrotter«, sagte Markus Berger immer, der für seine *Firma* zehnmal mehr reiste als ich), kurzum, wenn ich also in Paris war, hörte ich auf der fantastischen Anlage XXX allabendlich vor dem Schlafengehen Hermann Prey und trank dabei Schladerer (einen deutschen Himbeergeist), immer wieder die gleichen Titel der schon erwähnten Platte, ich hätte weder schlafen noch an meinen Berichten weiterschreiben können, wenn ich mir vorher nicht eine Stunde lang die besten Kaffeehaus-Schlager angehört hätte, die Hermann Prey in Begleitung eines Tanzorchesters interpretierte: *Belami / Ich singe mein schönstes Lied / Im Café de la Paix in Paris*, außerdem *O du, mein holder Abendstern* aus dem *Tannhäuser* und einige Lieder aus dem Salzburger Konzert von 1970, mit Sawallisch am Klavier, allabendlich auf einem Sessel kniend, im Hemd, Schladerer trinkend, vor der Anlage meines Freundes Markus Berger hörte ich Hermann Prey, der mir das affektiv-metaphysische Wesen der Musik enthüllte, mir ganz allein, allabendlich in Paris die gleichen Stücke, die ich auswendig kannte, mit einem Schluck Schladerer, auf dem Sessel kniend, vor dem Schlafengehen, wieder und wieder, und nach einer Weile, die ziemlich lange dauerte, ging mir schließlich auf, dass ich schlicht und einfach dabei war, eine Untersuchung anzustellen, wie man sie gewöhnlich mittels eines Videorekorders durchführt, indem man sich unzählige Male *Der Schatz des Gehenkten, Mord mit kleinen Fehlern, Das Schloss im Schatten, Heimweh nach St. Louis* ansieht, oder sogar *Letztes Jahr in Marienbad*, wer weiß?, jedem sein eigenes Rätsel, jedem seine eigene Untersuchung, seine ganz und gar persönliche, denn wir forschen ja immer nur nach uns selbst, und zu meiner großen Überraschung begriff ich, dass ich nun zum ersten Mal in meinem Leben eine musikalische Untersuchung durchführte (nein, sagte ich mir, nicht zum ersten Mal, früher gab es die Chansons, aber da wusste ich noch nicht, wie man Untersuchungen anstellt), ich hörte also monatelang, auf dem Sessel kniend, Schladerer trinkend, allabendlich einige Kunstlieder und Kaffeehaus-Schlager, immer dieselben, die Hermann Preys sublimer Gesang zu den Sternen trug, dabei gab es große Abende und weniger gelungene, beängstigende und enthusiastische Momente, und es gab sogar die Furcht vor meiner eigenen Obsession, da ich genau wusste, dass die Untersuchung mir keine Antwort geben, sondern nur zu der Formulierung der Frage ohne Antwort führen würde, *wir suchen niemals die Dinge, sondern die Suche nach ihnen*, wie Pascal schreibt. Wäre Markus Berger noch auf dieser Welt, hätte er wahrscheinlich gesagt: »Mein lieber Freund, es müsste Ihnen jetzt doch klar sein, dass die einzige Antwort auf Ihre musikalische Untersuchung Ihr romanhafter Bericht sein wird, und das ist die Hauptsache.« Und so wie ich mir unzählige Male auf meinem Videorekorder *Der Schatz des Gehenkten* angesehen habe, so habe ich mir monatelang auf der von meinem Freund Markus Berger entwickelten Anlage allabendlich dieselben von Hermann Prey gesungenen Melodien angehört, auf dem Sessel kniend, Schladerer trinkend, und ich habe diese romanhaften Berichte geschrieben. Und so wie ich natürlich schließlich alle Dialoge von Robert Taylor und Richard Widmark auswendig wusste (*You remember I'm pretty good at one of this. – Yes. I remember. But not as good as me. Just pretty good*), so sang ich bei meinen Rundgängen auf dem Boulevard du Montparnasse in den Dissonanzen des Straßenverkehrs und den Musiksplittern aus den *Diskotheken* beharrlich obsessiv vor mich hin, wobei ich mich bemühte, Hermann Prey zu imitieren: *Ich singe mein schönstes Lied / Wenn ich verliebt bin …* oder *Du hast Glück bei den Frauen, Belami …*, oder ich versuchte mich sogar an der aufsteigenden und eine vorübergehende Ewigkeit dauernden Tonskala auf dem Wort »Gedanken« aus dem Strauss-Lied und fing plötzlich mitten auf der Straße an zu wimmern, als wäre ich völlig plemplem, und spie wie wild geworden ein schauderhaftes »Ge-dan-ken« aus, was die Passanten dermaßen in Angst und Schrecken versetzte, dass sie die Straßenseite wechselten, kurzum. Eine Untersuchung. *Wir suchen niemals die Dinge, sondern die Suche nach ihnen.* Die absolute Ruhe ist der Tod. Wovon man nicht sprechen kann, das muss man sagen, »und was man nicht sagen kann, das muss man singen«, so Hermann Prey. Wie Gene Kelly am Ende von Minnellis Film *Der Pirat*, mit der gleichen genialen Einfachheit sang Hermann Prey davon, dass die nicht vorhandene Antwort auf die nicht zu formulierende Frage die Kunst selbst ist, dass die Vorstellung ohne Unterbrechung weitergehen muss, *the show must go on*, dass das Leben, die Liebe, der Tod und so weiter, kurz gefasst, dass alles, was wir empfinden, nur Musik ist. Der richtige Pirat ist der Pirat aus dem Traum und aus der Kunst und nicht der lumpige Pirat aus der Wirklichkeit: *be a clown, be a clown, be a clown*, tanzte Gene Kelly. *Du holde Kunst, ich danke dir*, sang Hermann Prey. Ohne Musik wäre das Leben ein Irrtum. *Coeli enarrant Dei gloriam*. Nur immer ganz ruhig.

Dank des wunderbaren stereophonen Ensembles, das Sie mit Ihrer Doppelbegabung des Musikers und des Ingenieurs entwickelt haben, sagte ich an einem Winterabend mit Zwiebelsuppe und Austern in der Brasserie L'Orfeo zu meinem Freund Markus Berger, als wir vollkommen wutentbrannt aus dem Théâtre du Châtelet gekommen waren, nach einem *Freischütz* (einer unserer Lieblingsopern), grauenhaft verpfuscht von einem dieser schrecklichen Regisseure, denen man, ähnlich wie in der sogenannten bildenden Kunst, völlig freie Hand lässt, uns in ihren dämlichen Inszenierungen die größten Meisterwerke als trostlose humoristische Provokationen zu präsentieren, der herrliche *Freischütz* von einem deutschsprachigen Schwachkopf, einem Pseudo-Brechtianer, total verhunzt, dank Ihres technologischen Erfolgs, sagte ich zu Markus Berger, während der Champagner uns schon wieder besänftigte, habe ich

Die Krönung der Poppea und *Wozzeck*, habe ich die Quartette von Beethoven, habe ich Bach und auch Mozart und Wagner unter einmaligen Bedingungen gehört, doch meistens habe ich die Musik *verraten*, und das schon lange, wie wir es beinahe alle tun, habe ich mir ein oberflächliches, häufiges und zerstreutes und also *verachtenswertes* Musikhören angewöhnt, da haben Sie's, auch ich *verrate* die Musik, ich verbringe meine Abende zu Hause, Sie wissen es, lesend, ich gehe fast nie aus, wenn ich in Paris bin, außer zu unseren musikalischen Abenden, und ein *wohlgeborener* Mensch, wie Deleuze sagt, würde ja höchstens einige Minuten Fernsehen ertragen, also lese ich und höre dabei Musik von Ihrem wunderbaren Stereoensemble, genauer gesagt, *verrate* die Musik durch die Literatur, denn wenn es auch vorgekommen ist, dass ich, vertieft in meinen Pascal, William Christie mit den sublimen *Leçons de ténèbres* von Couperin gehört habe oder dass ich beim Lesen der *Buddenbrooks* oder *Auf der Suche nach der verlorenen Zeit* Flagstad mit dem *Tristan* gehört habe, dass ich sogar Céline und Varese kurzzeitig miteinander verknüpft habe, so höre ich trotzdem ziemlich oft zerstreut und also auf *verachtenswerte* Weise Bach, Beethoven und Mozart, während ich Kriminalromane lese, als hätte auch ich wie unsere Zeitgenossen *Angst* vor der Stille, nur wenn ich das Rauschen des Meeres höre, kann ich ohne Musik sein, ich höre *zu viel* Musik, und dadurch verrate ich die Musik, manchmal lässt sie mich sogar schon gleichgültig, was doch ungeheuer ist. *Als die Musik noch etwas Seltenes war, war ihr Ruf von bewegender Kraft, war ihre Verlockung schwindelerregend. Wenn aber ihr Ruf unausgesetzt ertönt, dann stößt die Musik uns ab.* Früher ging man ins Theater, um sich zu zeigen und um miteinander zu reden, man ging ein Dutzend Mal in dieselbe Oper, so erzählt uns Stendhal, nur um sich in den Logen zu unterhalten, wohl mehr als ein Jahrhundert lang wurde *Don Giovanni* unter haarsträubenden Bedingungen aufgeführt, die heute selbst den duldsamsten Musikliebhaber bass erstaunen würden, und doch war die Musik immer etwas Außergewöhnliches und Lebendiges, und sie war immer zeitgenössisch, wie heutzutage das Kino, man hörte in erster Linie die Komponisten der eigenen Zeit, hießen sie nun Rameau, Mozart oder Verdi, wir hingegen hören heute die alten Meister oder wir hören *Diskothekenmusik*, und oft ist unser Hören zerstreut, weil uns die Technik, ohne dass wir uns im Geringsten anstrengen müssen, alles bietet, alles außer Stille, die Stille ist das schwindelerregende Gefühl der Moderne geworden, das ist die Wahrheit. Für diesen technischen Komfort, der unsere Zeit zur unmusikalischsten aller je gewesenen Zeiten macht, pflegte mein Freund Markus Berger zu sagen, und der Millionen und Abermillionen junger (und nicht mehr so junger) Dummköpfe glauben lässt, sie lebten im wunderbaren Zeitalter der weltweiten Verbreitung der Musik, für diesen Komfort zahlen wir ständig einen ungeheuren Preis, indem man uns zwingt, all die abscheulichen weltweiten *Diskothekenmusiken* zu hören, diese entsetzliche Strafe ist uns auferlegt, überall, auf der Straße, im Restaurant, im Zug, im Flugzeug, sie verfolgt uns bis auf die Toilette, das unerträgliche Zweiertakt-Gehämmere des zusammengefummelten Schlagzeugs, das einen im Hotelzimmer mitten in der Wüste oder am Meer am Lesen hindert und einen nicht schlafen lässt, und wir entkommen dem so wenig, wie sich die Verdammten in der Hölle keine Sekunde dem Blick der sie peinigenden Dämonen entziehen können, das ist unsere Strafe: die Musik, die uns die Musik hassen lässt, die universelle Flut aller regional-weltweiten technologischen *Diskothekenmusiken* (Sackpfeifen, keltische Harfen, arabische Trommeln und selbst gebastelte Flöten aus den Anden für Mikrofon-Heulbojen beiderlei Geschlechts im dominanten

Zweiertakt des elektrifizierten Schlagzeugs), die Unreife, die dazu führt, dass die Musik im weltweiten Lärm verschwindet, so wie sie auch zur Auflösung der bildenden Kunst geführt hat, das ist unsere Strafe, unsere furchtbare Strafe dafür, dass wir mit zerstreutem Ohr, also auf *verachtenswerte* Weise, die h-Moll-Messe, dass wir beim Lesen eines Kriminalromans oder in der Badewanne den *Parsifal* gehört haben. Mein Freund Markus Berger und ich kamen in der Brasserie L'Orfeo zu der gemeinsamen Erkenntnis, dass unsere einzige winzige Hoffnung in der zeitgenössischen Musik liegt, und dass wir sie um jeden Preis verteidigen müssen, gegen alle Widerstände, unter Androhung der Todesstrafe. *Den gewaltsamen und radikalen Bruch der zeitgenössischen Musik mit der Tradition weiterhin zu bemänteln, heißt in Wirklichkeit, ihr einen schlechten Dienst erweisen*, ich verspürte richtige *Erleichterung*, gestand ich meinem Freund Markus Berger in der Brasserie L'Orfeo, als ich in einer bemerkenswerten Arbeit diese Zeilen las, denn wie wahrscheinlich auch Sie habe ich mir lange die Predigten der herausragenden Musiker meiner Generation angehört (die auf ihrem Gebiet viel ernstzunehmender und kompetenter sind als die sogenannten Dichter und Kunstschaffenden auf dem ihren), doch halten diese Musiker schon zu lange an der verständlichen, aber verhängnisvollen Gewohnheit fest, wie die heiligen Apostel des ersten Jahrhunderts an den Grenzen des Reichs an die frisch Bekehrten und vollkommen Unwissenden, das Wort an uns zu richten und uns zu erklären, es gebe zwischen Schönberg und Mahler keinen größeren Unterschied als zwischen Beethoven und Mozart. Nun ist es an der Zeit klarzustellen, verkündeten ohne vorherige Verabredung Markus Berger und ich in der Brasserie L'Orfeo mit einer Stimme, dass das notwendige, schreckliche, historische Ende der Tonalität keine Entwicklung, auch keine zugespitzte darstellte (auch natürlich keine nihilistisch geniale Verspottung, wie es der Dadaismus war, dem es schließlich gelang, der bildenden Kunst den Garaus zu machen), sondern einen nie da gewesenen Bruch, so dass die ganze Musik, die nach Schönberg kommt, nicht nur für das breite, sondern auch für das gebildete Musikpublikum bis heute vollkommen unanhörbar ist, und dass wir deshalb dazu verurteilt sind, immer kunstvollere Interpretationen der alten Meister oder *Diskothekenmusik* zu hören. Seit beinahe einem Jahrhundert ist die Musik nicht mehr zeitgenössisch, so sieht es in Wahrheit aus. Seit beinahe einem Jahrhundert haben wir nur noch Ohren für die Interpreten der großen Komponisten der Vergangenheit oder für die der verschiedenen *Diskothekenmusiken*. Es ist offensichtlich kein Zufall, bemerkten mein Freund Markus Berger und ich mit einer Stimme in der Brasserie L'Orfeo, wenn die Liquidierung der Tonalität durch Schönberg stattfand, kurz nachdem die Tonkonserve aufgekommen war. Die Musik lehnte es sofort ab, überall als Vergnügungs-Hintergrundmusik ertragen zu werden. Die richtige Musik beschloss sofort, *unanhörbar* zu werden, damit man sie nicht in *Diskothekenmusik* verwandeln würde. Sie brach sofort und ohne Gewissensbisse mit der sublimen tonalen Harmonie, die über Jahrhunderte zu ihrer Vollkommenheit gefunden hatte und vielleicht auch ausgeschöpft war, sie begab sich sofort und ohne Gewissensbisse in die Apokalypse der Dissonanz, in das infernalische Gelächter (die Tonkünstler haben Thomas Manns Doktor Faustus nie verziehen, dass er diese Diabolisierung auf geniale Weise sichtbar gemacht hat). Mit der allergrößten Strenge hat die wahre Musik daran festgehalten, vollkommen unanhörbar zu sein (Stockhausen nicht mehr oder weniger als Varese), das heißt unerbittlich zu verlangen, nur in der größten Stille angehört zu werden, mit der unumschränktesten Aufmerksamkeit, ohne die geringste Befriedigung des Gefühls, ohne das leiseste Mitsummen, ohne anderes zu wollen als denken, ohne anderes zu wollen als Stille. So war es, so muss es sein, bis zum Ende. Vor allem anderen muss die Musik Stille herstellen, das ist die Wahrheit. Sie muss den wenngleich auch hoffnungslosen Versuch unternehmen, das weltweite Getöse der *Diskothekenmusik* zum Schweigen zu bringen. Das ist unsere Strafe dafür, dass wir mit zerstreutem Ohr Bach und Mozart gehört haben. Auch die Music-Hall von einst hat sich in der Weltunterhaltungsmusik aufgelöst. »Wir können manche Akkorde nicht mehr verwenden, weil sie von der Unterhaltungsmusik benutzt worden sind.« Das sind die Worte des großen unerbittlichen Boulez. Und er fügt hinzu: »Wie die Literatur, so hat auch die Musik ein Recht auf Stille.« Und weiter: »Wir suchen Zuflucht im Wald. Wir kämpfen allein gegen die universelle Herrschaft der *Diskothekenmusik*. Was wir wollen, wir wirklichen Musiker, ist das uralte Schweigen wiederfinden, das ohrenbetäubende Schweigen von einst. Stille, wir wollen Stille herstellen«, sagte Pierre Boulez, nach dem, was mir Markus Berger erzählte, »Stille, nichts als Stille, wir fordern Stille«, sagte der große unerbittliche Pierre Boulez und hielt den Finger vor den Mund, nach dem, was mir Markus Berger berichtete, »wir brauchen Stille, nichts als Stille, nur Stille«, wiederholte Pierre Boulez, den Finger vor dem Mund, sagte Markus Berger zu mir an einem Winterabend in der Brasserie L'Orfeo, Stille, und plötzlich, ohne dass wir uns verabredet hätten, stimmten mein Freund Markus Berger und ich, den Grafen aus *Die Hochzeit des Figaro* parodierend, *Silenzio* an: *Silenzio! Io son qui per giudicar*, zusammen und vollkommen im Takt, *Silenzio, silenzio*, wie der Graf Almaviva bei Mozart, imitierten alsdann die miauenden Vokalisen der Katzenarie, dann wurden unsere Stimmen höher, schwollen langsam an, pian, pian, *la calumnia è un venticello*, das alles in der Brasserie L'Orfeo zum Erstaunen unserer Tischnachbarn, und plötzlich, für ein paar Sekunden, gerieten unsere Stimmen außer sich, *come un colpo di cannone / come un colpo di cannone*, und wir hielten, unsere Champagnergläser in Händen, zur allgemeinen Verblüffung gemeinsam den höchsten Ton, forte, fortissimo: *Silenzio! Silenzio! Oh! Oh! Yo-ho!*, dann gingen unsere Stimmen wieder hinunter, pian, pian (mit einem kurzen dissonanten Schlenker, Wozzeck parodierend: *Jawohl, Herr Hauptmann*!), flüsterten nun beinahe *Silenzio*, wie ein sich in den Bühnenhintergrund entfernender Verdi-Chor: *Addio! Addio!*, lachend schauten wir uns an, einen Finger vor dem Mund, in der Brasserie L'Orfeo, *Silenzio,* einen Finger vor dem Mund, *Silenzio,* mein Freund Markus Berger und ich.

Ich muss Ihnen gestehen, sagte ich zu meinem Freund Markus Berger an einem schönen Sommerabend in der Brasserie L'Orfeo –, rosafarbene Wolken zogen sich als zarte Bänder über den Dächern hin, die Menge bewegte sich gemächlich, eine unerwartete Frische mischte sich mit den Ausdünstungen der Cafés, und durch ihre geöffneten Türen konnte man zwischen Silberzeug und Vergoldungen Blumensträuße sehen, die sich in den hohen Glasscheiben spiegelten –, während wir, nachdem wir im Petit Théâtre auf den Champs-Élysées einen Liederabend mit Wolfgang Holzmair und Imogen Cooper gehört hatten, noch im siebten Himmel schwebten, einen Bordeaux aus einem großen Jahrgang tranken (Markus Berger konnte es sich leisten, uns nichts zu versagen) und dazu unsere köstlichen Spaghetti Carbonara aßen, beide in Hemdsärmeln, in dem frischen leichten Meeresgeruch, den manche Brasserien haben, während man wie in einem riesigen Aquarium in den hohen Spiegeln die gedämpfte unentwegte Betriebsamkeit verfolgen konnte und draußen auf dem Boulevard das staubig rosafarbene, in zarte Milde getauchte Abendlicht des Pariser Sommers und der mit Ängsten vermischte Sinnenrausch schöner Abende zu erahnen war, ich muss Ihnen gestehen, sagte ich da zu meinem Freund Markus Berger, dass ich als Kind und Jugendlicher praktisch nur Music-Hall-Sänger gehört habe, dass ich praktisch nur Music-Hall-Shows gesehen habe und dass ich die meisten dieser Sänger immer noch ernsthaft für ausgezeichnet halte. Meinen Eltern waren bildende Kunst und Kunstgewerbe so vollkommen gleichgültig, dass unsere Wohnung in Lyon von einer kaum zu überbietenden Geschmacklosigkeit war, sie hörten selten Musik, mein Vater arbeitete viel, und meine Mutter las ohne Ende Dumas, Conrad und Stevenson, aber beide – vor allem mein Vater – liebten die Music-Hall, mehr noch als die Allgemeinheit in der Nachkriegszeit. Mein Vater, der ein ungemein guter Tänzer war, hatte eine Eleganz à la Fred Astaire, gemischt mit einer Spur Cary Grant – was dazu führte, dass ich schon vor der späteren begeisterten Genehmigung Godards und der *Cahiers du cinéma* die Meisterwerke der Musikkomödien Hollywoods mochte, die seriöse Menschen damals noch für Eseleien hielten. Schließlich hatte ich Glück, sagte ich zu meinem Freund Markus Berger, dass es mir möglich war, die Musikfilme von Minnelli, von Donen und von noch anderen sofort zu mögen, sind sie doch eine unerschöpfliche Quelle unbändigen Vergnügens. Wir verbrachten die Sommerferien immer an der Côte d'Azur, und so sahen wir in den Freilichttheatern von Nizza und Monte Carlo alle großen Music-Hall-Künstler aus der Zeit (ich glaube, ich war sogar in einer Gala mit Maurice Chevalier), und diese musikalischen Abende gehörten für mich immer zu den schönsten Ferienmomenten, zumal jene Nachkriegskünstler damals auf dem Höhepunkt ihres Könnens waren. Diese Konzerte unter freiem Himmel, bei denen ich wahrscheinlich meine ersten ästhetischen Empfindungen erlebte, bedeuten mir viel, sie waren für mich, wie das an einer Wegbiegung mit dem Blick erhaschte Meer, das Sinnbild der Ferien. Die Vorliebe meines Vaters ging in Richtung Charles Trenet, die meiner Mutter in Richtung Yves Montand und Léo Ferré, aber alle drei mochten wir Jacques Brel (einer meiner Lieblingssänger), Georges Brassens, sogar Gilbert Bécaud und noch andere, die ich vergessen habe. Da meine Eltern alle Schallplatten dieser Künstler kauften, konnte ich auch das restliche Jahr über ihre Chansons hören, bis heute kann ich sie nahezu auswendig, sagte ich zu Markus Berger, für den dieser Bereich der Unterhaltungsmusik *Terra incognita* war. Es waren ausgezeichnete Chansons, nicht mehr und nicht weniger, deren Komponisten große, ihren amerikanischen Kollegen überlegene, professionelle Music-Hall-Künstler waren. Aber so wunderbar diese Freiluftkonzerte auch sein mochten – das schöne Naturtheater in Nizza, der Sommerhimmel, das Meer ganz nah, die Bühne, die Scheinwerfer, die Musik –, ich empfand doch stets und mehr, als meine Eltern und ihre Freunde das taten, ihre Unzulänglichkeiten, was mir das Vergnügen regelmäßig verdarb: Im ersten Teil traten Akrobaten und jämmerliche Zauberkünstler auf, die wahrscheinlich großartig in einen Fellini-Film gepasst hätten, und die unvermeidliche *Heulboje* (»Da haben wir wieder die Heulboje«, so meine Mutter, von der ich das Wort habe) brachte mich immer zur Verzweiflung; und die Künstler selbst – die zum großen Teil selbst geschriebene Lieder interpretierten – sangen (und schrien manchmal leider) in Mikros, die ihre dünnen Stimmen verzerrten und der Show etwas Wirklichkeitsfernes gaben. Des Weiteren bewegten sich die Interpretationen dieser Sänger, die wie alle echten Music-Hall-Künstler vor allem hervorragende Schauspieler waren, immer im *Ungefähren*, etwa, wie wenn man auf der Geige »Zigeunermusik spielt« – sie wichen oft vom Ton ab, variierten den Takt, veränderten ihre Texte –, ja, sie machten sogar einen leicht abwesenden, etwas gelangweilten Eindruck auf mich, was bei einem richtigen Gesangskonzert zwar ziemlich selten vorkommt, aber wenn, dann ist es tödlich. Zudem hingen die Begleitorchester an einer fürchterlichen Elektrik, ihre Instrumente klangen in der Regel grauenhaft, und mehr oder weniger folgten die Musiker dem Sänger wie Blinde, die von einem Lahmen geführt werden. Trotz des Himmels, des Meeres, der Ferien und der Musik habe ich eigentlich keine großartige Erinnerung an diese Music-Hall-Konzerte, ich hörte die Chansons lieber auf Schallplatte, aufpoliert, arrangiert, im Studio von Toningenieuren neu zusammengefügt, wodurch sie es beinahe schafften, einen das ganze, unweigerlich zu dieser Art Unterhaltungsmusik gehörende Blendwerk vergessen zu lassen. Ich war seit fast dreißig Jahren nicht mehr in solchen Shows, sagte ich zu meinem Freund Markus Berger, die meisten dieser hervorragenden Künstler sind gestorben, und die ehemalige Music-Hall wurde von den weltweiten Zusammenschlüssen der *Diskothekenmusiken* beinahe vollständig hinweggefegt. Zwar haben mich diese Music-Hall-Shows meiner Jugendzeit im Grunde genommen enttäuscht, größtenteils wahrscheinlich wegen der plumpen Einfachheit der technischen Prothesen, sagte ich zu meinem Freund Markus Berger an diesem schönen Sommerabend, während wir unsere Spaghetti Carbonara aufaßen, zwar waren diese hervorragenden französischen Künstler der Nachkriegszeit auf der Bühne meistens gute Schauspieler, aber enttäuschende Sänger, und doch habe ich die vorzüglichen Chansons jener Jahre, die die großen Jahre der wirklichen Music-Hall waren, diese ganzen Jahre über gehört (ich erinnere mich immer noch an die ersten Chansons von Léo Ferré und Jacques Brel, Kleinode dieses Genres), bis dann ungefähr Mitte der 1960er Jahre die unaufhaltsame Invasion der *Diskothekenmusik* begann; bei uns zu Hause gab es ein gewaltiges Elektrophon, das in den unteren Teil eines ausladenden und wahrscheinlich greulichen Hochglanzlackmöbels eingelassen war, in dem sich nicht nur ein riesiger Radioapparat befand, sondern außerdem hinter schützenden Glasscheiben noch einige Bücher, Gläser, Flaschen, künstliche Blumen, meine Plüschtiere und andere Abirrungen, die ich lieber vergesse, auf diesem Plattenspieler, an den ich übrigens nur schwer herankam und dessen automatischer Arm gelegentlich von heftigen unerwarteten Zuckungen erfasst wurde und auf Befehle dann nicht mehr reagierte, wie ein Hund, wenn er einen Artgenossen beschnuppert hat, der sich dann grundlos hob, wieder senkte, wie wild über die Platten schrammte, gegen die Nase des Benutzers stieß, der bäuchlings auf dem Fußboden lag, eingezwängt zwischen dem Sessel und dem oberen Teil des monströsen Möbels, ja sogar, ich kann das bezeugen, aus der Halterung sprang, auf das Parkett rutschte, endlich reglos liegen blieb, dabei aber immer noch vibrierte wie eine Klapperschlange im Todeskampf, diese ganzen Überspanntheiten der Mechanik erinnerten meine Eltern und mich natürlich an die Filme von Jacques Tati, auf diesem unvorhersehbar reagierenden, aber unverwüstlichen Gerät hörte ich jahrelang die früher für mich magischen Stimmen von Trenet, Brel, Ferré und die Stimmen vieler anderer, und schon damals war ich fasziniert davon, wie Text und Melodie einen geheimnisvollen Bund eingingen. Im Sog der Erinnerung unter so vielen Sternen erklingen die grauen Jahre der Schulzeit, das Meer, ich sehe es tanzen, die Chansons auf dem gefährlichen Plattenspieler, erklingen all die für immer entschwundenen schönen Tage, beruhigen wir uns wieder. In der anschließenden Zeit, während meines Studiums, hörte ich ohne Ende Gedichte zu Chansons vertont, ein heute so unglaublich *altmodisches* Genre, dass ich mich beinahe schäme, davon zu erzählen. Es entstand in den Kellerkneipen der Rive Gauche, und Léo Ferré mit seiner fahlen Stimme war seine Inkarnation – ich könnte, wenn Sie mich am Klavier begleiten würden, einen Liederabend mit vertonten Aragon-Gedichten gestalten, sagte ich zu meinem Freund Markus Berger, dabei müssten Sie sich auf eine Vortragsweise zwischen Deklamation und halblautem Gesang gefasst machen (und – wie Valéry richtig bemerkt – muss Dichtung ja in einer Art Sprechgesang vorgetragen werden), diese Chansons haben, wie die meisten Chansons, etwas Sentimentales und vor allem etwas Anarchisches – aber nichts Metaphysisches –, denn gute Chansons sind immer mehr oder weniger revolutionär, sagte ich zu Markus Berger und hob in der Brasserie L'Orfeo mit angewinkeltem Arm diskret die Faust bis in Schulterhöhe, *Et pourtant je vous dis que le bonheur existe / Ailleurs que dans les rêves, ailleurs que dans les nues,* sang ich mit diskret erhobener Faust vor meinem belustigten und leicht verdutzten Freund Markus Berger *mezza voce* vor mich hin, rief wie für mich allein die Abende in den Studentenzimmern, blau vom Zigarettenrauch, in Erinnerung und die Gesichter der Mädchen im nächtlichen Lyon der 1960er Jahre, ganz ruhig, sang (*Der zum Tode Verurteilte,* Le Condamné à mort von Genet) *Nous n'avions pas fini de nous parler d'amour / Nous n'avions pas fini de fumer nos Gitanes,* schilderte noch einmal die Pavesischen Lyoner Nächte von damals, in denen nichts geschah, außer der Zeit und der Musik, sang halblaut vor mich hin, *Tout est affaire de décor / Changer de lit changer de corps,* vor meinem Freund Markus Berger in der Brasserie L'Orfeo. Um Ihnen nun auch nichts von meinen musikalischen Schandtaten zu verschweigen, Ihnen, der Sie von Kindheit an nur die wirkliche Musik gekannt haben, dem Fischer-Dieskau eines Tages zugeraunt hat: »Sie *verstehen* das Singen besser als irgendjemand sonst«, sagte ich zu meinem Freund Markus Berger, während wir an diesem schönen Sommerabend zur zweiten Flasche unseres ausgezeichneten Bordeaux und zu einer weiteren Portion Spaghetti Carbonara übergingen, muss ich Ihnen gestehen, dass ich in einer Phase meiner sich weit über mein zwanzigstes Lebensjahr ausdehnenden endlosen Adoleszenz mehrere Sommer lang am Meer Diskos und Partys besucht habe, in der metaphysischen

Absicht, das Geheimnis der Existenz zu entdecken, was bedeutete, Mädchen kennenzulernen. Ich erlebte keine Orgien wie im dekadenten Rom, seien Sie beruhigt, es war zur Zeit einer berühmten Radiosendung, die die Musik spielte, die damals bei allen Jugendlichen ankam (so begann dann die jugendliche Internationale der *Diskothekenmusik* sich zu etablieren, die ihr totalitäres Weltreich nun bis über die Erwachsenen ausgeweitet hat), und wenn man auf seiner Hand den Druck einer anderen fühlte, wenn eine Wange sich an einen schmiegte, die Lippen von fremden Lippen gestreift wurden, während einen der Text und die Melodie eines hundertmal gehörten Hits in ein laues Meer süßlicher Sentimentalität hüllte, reichte das in jener Zeit schon, um das dunkle Geheimnis der Welt zu enthüllen, denn die aufmerksame Lektüre der *Gefährlichen Liebschaften*, der *Wonnen des Lasters*, des *Wendekreises des Krebses* und der *Geschichte der O* sowie die vollständige Kenntnis des männlichen und weiblichen Fortpflanzungsapparats bei der gewöhnlichen Maus waren damals für viele von uns nicht so dicht am Alpha und Omega, wie wenn wir im Dämmerlicht, nah am Meer, leicht alkoholisiert und ein wenig zärtlich gestimmt *Only You* hörten, das ist die Wahrheit, die bittere Wahrheit, *So ist Zeit und Leben,* singt Hermann Prey, kurzum. Niemals sonst ist die Musik wohl eine so große Anstifterin zu Gefühlsausschweifungen, zu einer Art klebrigem adoleszentem Bovarysmus gewesen, was so weit ging, dass ich den Winter damit verbrachte, wehmütig den Erfolgsliedern des verflossenen Sommers nachzuhängen, die, gemäß dem fest aufgestellten Prinzip der kleinen Phrase in der Sonate Vinteuils (eine Melodie als persönlichen Erinnerungsträger zu verwenden, ist ein antimusikalisches Verbrechen – im Fall von *Only You* und seinen Mitbrüdern ist die Sünde lässlich), hingebungsvolle Augenblicke oder solche, die es hätten gewesen sein können, heraufbeschworen. Und ich gestehe, ich hatte damals einen ganz besonderen Hang – manchmal befällt er mich sogar heute noch – zu den abgeschmacktesten französischen Chansons, mit dämlichen hartnäckigen Ohrwurmmelodien, mit idiotischen Texten, mit der *schmierigen Ideologie* (wie Barthes sich über *Fruchtbarkeit* von Zola äußert), zu den Chansons, die Godard manchmal auf erfreuliche Weise zu benutzen verstand, zu denen, die ernsthaft an der menschlichen Intelligenz zweifeln lassen, zu denen, die auf Art der Operette und des Pornofilms an jene »absolute Blödheit« grenzen, von der Gombrowicz spricht, an jene schwindelerregende, surrealistische und metaphysische Nichtigkeit, zu der sich der Musikhit und der Filmramsch in manchen Fällen aufschwingt. Trotzdem hörte ich Bach, Wagner oder Strawinsky, die Chansons der Music-Hall oder der Diskotheken gehörten nicht in den wirklichen Bereich der Musik – das heutige Desaster kommt daher, dass die Unterhaltungsmusik verlangt, der richtigen Musik gleichgestellt zu werden, und dass sie sie am Ende gar ersetzen will. In der Nachkriegszeit, bis zum Ende der 1960er Jahre, hatten die Avantgarden noch nicht *kapituliert*, sie hielten immer noch Kurs und steuerten mit Kräften gegen die weltweite Einheitssoße, kein ernsthafter Leser hätte einem Sozialkitschroman auch nur einen Blick geschenkt, kein ernsthafter Musikliebhaber hätte irgendwelcher *Diskothekenmusik* Aufmerksamkeit gewidmet, kein ernsthafter Musiker hätte sich wie ein gemeiner Kunstschaffender zu der Behauptung herabgewürdigt, dass der DJ der Künstler unserer Zeit sei. Ich selbst hatte, als ich mitten in der Pubertät steckte, während ich mich gleichzeitig mit Wagner und mit der sentimentalen musikalischen Einheitssoße vollstopfte, ich, dem glücklicherweise nie die Idee gekommen war, auch nur das kleinste Gedicht zu schreiben, ich hatte in einem Moment des Wahnsinns die Absicht gehabt, eine *Sinfonietta*

Erotica zu komponieren, mit alternierenden, schreiend-singend vorzutragenden Texten von Lautréamont, de Sade usw. und mit postseriellen Instrumentalstücken – wo ich doch kaum *Ah, vous dirais-je maman* entziffern konnte –, mit Xylorimba, Vibraphon, präpariertem Klavier, Viola und Schlagzeug, das Werk wäre »dem vorbildlichen Meister, dem großen, dem unerbittlichen Pierre Boulez – *er wird mich verstehen*« zugeeignet gewesen (Gott sei gedankt, dass ich über die Zueignung nicht hinauskam). Dies alles, sagte ich zu dem erheiterten Markus Berger, weniger, damit Sie etwas von den Exzessen erfahren, in die die Pubertät in Jungengymnasien ausarten kann, als um Ihnen darzutun, dass trotz des betrüblichen Zustands geistiger Stumpfheit, in die ihn sein Alter versetzte, ein, wie Deleuze sagt, *wohlgeborener* Junge damals wohl wusste, wo sich die Kunst und das Denken befanden. Ich sehe Mikel Dufrenne, Philosoph eines wohltemperierten Humanismus, noch vor mir, wie er in aller Ruhe am Strand meinen Eltern und ihren entsetzten Freunden erklärt, dass es notwendig sei, Kinder nur die modernen – zwölftontechnischen, seriellen usw. – Kompositionsweisen zu lehren, um sie die alte Tonalität vergessen zu lassen und es ihnen zu ermöglichen, sich frei und offen auf die wahre Musik des

20. Jahrhunderts einzulassen. Als ein irgendwie rebellischer, entschieden avantgardistischer Jugendlicher und eindeutige Nervensäge schätzte ich diese extreme und für die radikalen erfrischenden 1960er Jahre typische Ansicht. Dass ein so friedlicher Philosoph wie Mikel Dufrenne derart terroristische Vorstellungen unterstützen konnte, daran sieht man, dass die Avantgarden damals noch Oberwasser hatten, bevor in den folgenden Jahrzehnten ihr unfassbarer Zusammenbruch erfolgte und sie dem wilden Denken, der widerlichen Romanküche, dem akademischen Nihilismus des internationalen Gefummels, dem weltweiten Triumph der ganzen scheußlichen *Diskothekenmusik* das Feld überließen. Vielleicht, sagte ich zu Markus Berger, waren alle Avantgarden seit dem Surrealismus zugleich zu radikal und nicht radikal genug, sie sind dem niveaulosen und stupiden Gebrauch ihrer Ideen nie aus dem Weg gegangen, und sie waren vor allen Dingen nicht in der Lage, den in allen Bereichen offensichtlich endgültigen Sieg der demagogischsten, abscheulichsten, gänzlich von merkantilen Interessen geleiteten Kunstformen zu verhindern. Sollte es wieder Avantgarden geben, müssten sie in einem heute unvorstellbaren Maße unerbittlich sein, das ist die Wahrheit. Alle Avantgarden sind restlos vernichtet wor-

den und haben uns am Ende in einer vollkommen entsetzlichen Lage zurückgelassen, wir beginnen das Jahrtausend restlos ausgelaugt, anders kann man es nicht sagen. Die seit einem Jahrhundert wilde Aufeinanderfolge aller sogenannten Avantgarden hat schließlich zu dem furchtbaren jetzigen Zustand geführt, das heißt zur jugendlichen Merkantilisierung der Kunst und des Denkens, so wie die Folge aller napoleonischen Siege die grauenhafte Restauration gewesen ist. In den früheren Jahrhunderten, für die der Gedanke des Neuen verachtenswert war, hätte sich niemals eine solche Katastrophe ereignen können. Es ist unfassbar, auch wenn dies niemanden zu überraschen scheint, dass man ein Jahrhundert nach dem theoretischen Verschwinden der Tonalität und nach der Schönberg'schen Reform überall auf der Erde, in den großen Metropolen genauso wie in der tiefsten Wüste und sogar in den Toiletten, von einem pseudotonalen Lärm verfolgt wird, während wir nichts anderes als Stille wollen. Jedes Mal, wenn ich im Zug von einem Handysignal, das *den Türkischen Marsch* spielt, oder vom Zweiertakt des zusammengefummelten Schlagzeugs, das aus den Kopfhörern eines Deppen kommt, der (grummelte ich mit gehässiger Zufriedenheit vor mich hin) Gott sei Dank bald endgültig taub sein wird, aus meiner Lektüre gerissen werde, jedes Mal, wenn ich im Restaurant wegen einer stupiden Musik gezwungen bin, meine Bestellung zu brüllen (*Gott, um sich Gehör zu verschaffen, donnerte vergebens*), jedes Mal, wenn ich, in meinem Bett liegend, vom gleichen, irgendeiner Nachbarwohnung entweichenden quälenden Zweiertakt aus dem schönsten Schlaf gerissen werde, falsche Trommeln der Hölle – *Distant Drums* –, schlimmer noch als die Trommeln, die ein Indianerstamm die ganze Nacht spielt in Erwartung des Morgengrauens, wo man skalpiert werden wird (*legt man sich in Paris denn nieder, um zu wachen?*), jedes Mal, wenn ich den Himmel um Stille anrufe, um nichts weiter als ein wenig Stille, verfluche ich die Zwölftonmusik und den Serialismus und sogar den unerbittlichen Pierre Boulez dafür, dass sie diese Situation nicht verhindern konnten und wir die Musik hassen müssen, so wie wir angesichts der Anhäufung läppischer Romane die Literatur hassen. Weder Breton noch Schönberg, noch Blanchot, noch Boulez, noch alle anderen waren in der Lage, das finale Desaster zu verhindern, wenn sie es nicht mit verursacht haben, wie der unselige Duchamp. Aber am Ende bedeutet das alles nicht viel, sagte ich zu meinem Freund Markus Berger in der Brasserie L'Orfeo, während wir an diesem schönen Sommerabend unsere Flasche Bordeaux leerten, wir haben doch wieder ein wunderbares Konzert gehört, auch wenn es sich stets aufs Neue um Schubert oder Schumann handelt, wir glauben noch an die Musik, sagte ich und erhob mein Glas, wie man an Gott glaubt und an das Meer. Die *narkotisierende und erregende Wirkung* sowohl des Meeres wie der Musik Richard Wagners erlebte ich – und erlebe sie noch – in der Art eines Kindes oder eines Musikliebhabers um 1900, meine größten Gefühle gehörten immer dem Meer oder dem ersten Akt der *Walküre* und gewissen Liedern der Romantik, ich könnte es nicht lange aushalten, ohne das Meer zu sehen, ohne echte Musik zu hören, ich zittere sogar, wenn ich ans Meer fahre oder wenn ich ein richtiges Konzert besuche, *die Musik erfasst mich manchmal wie ein Meer* (es ist kein Zufall, wenn die großen Schriftsteller des späten 19. Jahrhunderts und des frühen folgenden, Baudelaire, Nietzsche, Proust oder Mann, die schönsten Seiten über Musik geschrieben haben, die je geschrieben wurden, alle diese großen, das Meer oder die Seen liebenden Wagnerianer, die wahrscheinlich wussten, dass das große goldene Zeitalter der Musik zu Ende ging), das Meer und die Musik, dergestalt ist unsere vorübergehende Ewigkeit, das

Meer zu betrachten oder darin zu schwimmen ist eine ebensolch schmerzhafte, kaum zu ertragende Freude, wie ein richtiges Konzert zu hören, denn, gewiegt am Ursprung der Zeit, weiß man doch, dass die Ferien zu Ende gehen und man abreisen muss und dass der Sänger eine allerletzte Zugabe gibt und die Lichter wieder angehen, *nur zuzeiten erträgt die göttliche Fülle der Mensch*. Als gute Musiker und ausgezeichnete Schwimmer haben wir gelernt, bis wohin wir zu weit gehen dürfen, und da das Meer immer unser Spiegel ist, können wir behaupten, »sag mir, wen du besingst, und ich sage dir, wer du bist«. Das Meer, das Meer, sagte ich zu Markus Berger, während wir unsere Flasche leerten (Fauré vor uns hin singend: *Je ne veux que la mer / Je ne veux que le vent*), sogar die Brasserie L'Orfeo hat den Jodgeruch der Ferien, dieses Jahr werden wir wieder ans Meer fahren, das Meer wie in *Das Schloss im Schatten*, das Meer, wie es tanzt entlang heller Buchten (vor uns hin singend, »mezza voce«, *la mer a des reflets d'argent*, »più forte«, das Meer), *das Meer, das Meer*, von Iris Murdochs vorzüglichen Romanen ist mir die mythische Ankunft von Seehunden geblieben, ein Gefühl, das ich beim Schwimmen vor felsigen verlassenen Küsten oft habe, nämlich, dass plötzlich Hunderte von Seehunden, Sturmvögeln,

Seebären, Walrossen auftauchen könnten, spielend, tauchend, schwimmend in einem grünen durchscheinenden Meer, ich allein unter ihnen, zwischen Eisschollen, klare Luft, fröhliche Wellen eines unendlichen Meeres, Tausende von Seehunden, Pinguinen, Kormoranen im Licht einer unsichtbaren Sonne, *the wave cry, the wind cry, the vast waters / Of the petrel and the porpoise. In my end is my beginning,* kurzum, der Bordeaux war herrlich. Es war einer unserer besten musikalischen Abende, nicht nur hatten wir einen wundervollen Liederabend gehört und anschließend ausgezeichnet gegessen, es war mir auch gelungen, meine Kindheit, die Musik, die mythischen 1960er Jahre heraufzubeschwören, und bald würde ich das Meer wiedersehen. Bevor wir in der Brasserie L'Orfeo in der leisen, an das Wunder einstiger Ferien erinnernden wohlig süßen Euphorie des Sommers, inmitten der von den Spiegeln vervielfachten Betriebsamkeit und der Düfte der Gezeiten von den Tellern mit Meeresfrüchten an jenem Abend auseinandergingen, gönnten mein Freund Markus Berger und ich uns noch ein Glas ausgezeichneten Birnenschnaps und rauchten unsere Zigaretten und sangen, beide in ausgelassener Stimmung, ein paar der Lieder vor uns hin, die wir zuvor im Konzert gehört hatten, erinnerten uns wieder an unsere Lieblingsfilme und ihre Musik, die von Giovanni Fusco für *L'Avventura,* ein paar entfernte Töne, geheimnisvoll und unerbittlich, wie in hellenistischer Zeit geschriebener Jazz, hatte Antonioni verlangt, an die Lieder im Gefängnis in *Rio Bravo,* ein, wie bei Stendhal, vollkommen glücklicher Augenblick in einer Abenteuergeschichte (wie Dean Martin und Ricky Nelson unter dem wachsamen Auge John Waynes sangen wir vor uns hin: *with my rifle, my pony and me,* mein Freund Markus Berger und ich), dann entfernten wir uns in die Pariser Nacht, wie Mastroianni in *Achteinhalb* die Ouvertüre von *Die diebische Elster* vor uns hin pfeifend und tuschelnd: pa-pa-pa-pa, Tanzschritte andeutend, wir beide, mein Freund Markus Berger und ich.

Viele Musiken im Leben sind dazu da, uns zu täuschen, murmelte ich vor mich hin, als ich über den Boulevard du Montparnasse ging, um meinen üblichen Rundgang zu machen, an diesem zart dunstigen Herbstnachmittag, auf angenehm zwanghafte Weise die Melodien vor mich hin singend, die Hermann Prey interpretiert hatte – und die ich seit Monaten allabendlich vor dem Schlafengehen hörte, im Hemd, auf dem Sessel kniend und Schladerer trinkend, *Ich singe mein schönstes Lied / Wenn ich verliebt bin*, während ich mich, nach Markus Bergers Tod, dem Ende meiner romanhaften Berichte näherte, laut singend, auf Deutsch, auf dem Boulevard, zum Erstaunen der Passanten – bei *O du, mein holder Abendstern* aus dem *Tannhäuser* übte ich immer, den Ton auf dem letzten »wer-den« genauso lange zu halten wie Prey, was mir nie gelang, selbst wenn ich mich grauenhaften Atemübungen unterzog, »we-er-den«, nichts zu machen, dabei bin ich im Tauchen ohne Sauerstoffgerät ziemlich gut, ich halte es länger als eine Minute unter Wasser aus, aber dieses verflixte »we-er-den« halten, ausgeschlossen, jedes Mal war ich aufs Neue nahe am Ersticken, musste spucken wie ein armer Wicht, auf dem Sessel kniend vor der Anlage XXX von Markus Berger, während Hermann Preys Stimme inmitten der Sterne dahinglitt –, als ich nun auf dem Boulevard *O du, mein holder Abendstern* vor mich hin singend, gar nicht so schlecht übrigens, beim letzten »we-er-den« angekommen war, hob ich die Stimme und versuchte, den Ton so lange wie möglich zu halten, reglos, außer Atem, mitten auf dem Trottoir, im Verkehrslärm, und *viele Musiken im Leben sind dazu da, uns zu täuschen*, schimpfte ich vor mich hin, und alle Musiken der Welt haben etwas Ironisches, dabei dachte ich an *Ingrid Caven* von Jean-Jacques Schuhl, das ich gerade las, ob leichte oder ernste Musik, alle Musiken können uns auf die schlimmste Weise behexen, und dieses zu Ende gehende Jahrhundert hat die Musik kriminalisiert, wie das keinem anderen gelungen ist, wie Markus Berger zu mir bei unserem New Yorker Diner sagte (was sind die Lieder des Autodafés in Candide angesichts der Orchester in den Lagern?), *die Musik ist die einzige aller Künste, die an der Vernichtung der Juden mitgearbeitet hat, … sie ist die einzige Kunst, die sich mit der Organisation der Lager arrangieren konnte, mit dem Hunger, der Mittellosigkeit, der Arbeit, dem Schmerz, der Erniedrigung und dem Tod*, ein Grund, warum unsere Zeiten die Musik im Grunde hassen, während man so dumm ist und glaubt, wir hätten die *Liebe* zur Musik, man zwingt uns unerträgliche Musiken auf, weil man die Musik in Wirklichkeit verachtet, weder kann man Musik ganz normal hören, noch ganz normal lieben, und man rächt sich dafür, indem man uns in Musik ertränkt, wie ist es möglich, nach Auschwitz *eine schöne Melodie* zu hören oder zu komponieren, wir sind dazu verdammt, unter der Musik *zu leiden*, weil wir sie auf kriminelle und verachtenswerte Weise benutzt haben und es immer noch tun, aus der ersten der Künste ist eine schuldige und erniedrigte Kunst geworden, die universelle Liebe zur Musik ist nichts anderes als das abscheuliche Martyrium der Musik, das bis zur Erfindung der sogenannten *Fête de la musique* reicht – weil wir in den Konzentrationslagern Orchester spielen ließen, weil wir in der Hölle Kinder und Sterbende singen ließen, weil wir es zugelassen haben, dass aus der Kunst der Engel eine Kunst der Dämonen wurde, weil wir die teuflische Möglichkeit erfunden haben, die schönsten Stücke zerstreut und damit verachtenswert zu hören, darum wurden wir dazu verdammt, die *Unschuld* der Musik zu verlieren, die tonale Einfachheit nicht mehr ertragen zu können, wie Adrian Leverkühn in der dämonischen Dissonanz komponieren zu müssen, und vielleicht sind sogar auch die Lager aus unserer musikalischen Tragödie entstanden, aber unsere eigentliche Strafe, das Schlimmste, Groteskeste, Erniedrigendste ist das fortschreitende Verschwinden der Musik im weltweiten Rauschen der alles beherrschenden merkantilen Musik, dieser ganzen *Diskothekenmusik*, von der diktatorischen universellen Unreife angebetet wie das Goldene Kalb, und ich ging immer schneller auf dem Boulevard du Montparnasse, den Trotteln mit Rollern und Walkman ausweichend, mit gleitenden Sprüngen in meinen federnden Schuhen, ohne Musik wäre das Leben ein Irrtum, kam an den unter immer größeren Büchermassen zusammenbrechenden Buchhandlungen vorbei (*Und so kommen die Autoren schon seit ewigen Zeiten / Nach Paris alljährlich Fluten von Büchern zu schreiben*), laufend, hüpfend, singend, vor mich hin murmelnd, unter Lebensgefahr die Straßen und Boulevards überquerend, wo der aberwitzige dichte Verkehr pausenlos in Erstarrung geriet wie ein gefrorener Strom, *Und schon erscheint eine Schlange von zwanzig*

Karossen / Ist im Nu von tausend mehr eingeschlossen, in der erschreckenden Dissonanz der urbanen technischen Welt, Hupen, Alarmanlagen, jede Art von nach Varese denkbaren Sirenen, skandalöses Geknattere frisierter Motorräder, scharfes Bremsen, Beschleunigen, Handysignale, heftige Wortwechsel (hör mal, was soll das, hey, was sagst du, was, hey, Typ, was soll das), Explosionen und der schreckliche Mensch von der Autowerkstatt, *Lärmend bereitet er das verfluchte Eisen / Wird mir mit hundert Hammerschlägen noch den Kopf zerreißen,* Stille, Gott im Himmel, nichts als ein wenig Stille, und ich ging vor mich hin brummelnd durch Montparnasse, in meinen federnden Schuhen dahingleitend inmitten der allgemeinen Dissonanz, wie ein unwahrscheinlicher Gene Kelly, den Anfang von *Pierrot lunaire* vor mich hin singend: *Den Wein, den man mit Augen trinkt,* mich an meine alte, so oft gehörte knisternde schwarze Schallplatte erinnernd, auf der Helga Pilarczyk sang, unter der Leitung von Boulez natürlich, dann wieder Léo Ferré: *On m'a donné quatre vieux murs / Pour y loger mes quatre membres,* und Trenet: *Revoir Paris … Seul sous la pluie / Parmi la foule des grands boulevards / Quelle joie innouie / D'aller ainsi / Au hasard,* dann kam ich in einer ganz eigenen originellen Sprechgesanginterpretation wieder zu Schönberg zurück: *Mit einem fantastischen Lichtstrahl,* Markus Berger und ich hatten uns am Telefon oft damit vergnügt, parodierende Unterhaltungen in der Manier von Schönberg zu erfinden, ein alter Spaß unter Musikliebhabern, und ich ging immer noch durch den Lärm von Montparnasse, wie getragen von allen Stimmen und allen Liedern, Hotelzimmer kamen mir in Erinnerung (so manche Hotelzimmer), wo in einem beunruhigenden Halbdunkel, inmitten des ständigen Rauschens der Rohrleitungen, des Verkehrs, des bizarren fließenden Brausens geheimnisvolle, nicht zu unterscheidende Stimmen zu mir drangen, aus Unterhaltungen, die nicht zu verstehen waren, wie in einer erfundenen Sprache, in verschiedenen Tonarten (die weiblichen Stimmen immer sehr viel präsenter, vor allen Dingen sehr viel erregender), und ich stundenlang reglos, in einer beinahe nicht auszuhaltenden Spannung, wartend wie die Katze vor dem Mauseloch, nicht wissend, worauf (vielmehr nur zu genau wissend, worauf), völlig in mich verschlossen in einer mich überflutenden Obsession (perfekte akustische Version von Heimito von Doderers *Erleuchteten Fenstern*), hoffend, um endlich einschlafen zu können, die Stimme würde mir das Geheimnis der Nacht enthüllen, *einsam wachend in der Nacht,* auf den leisesten

Tonartwechsel in den Dialogen achtend, ein Lachen, ein seltsam geflüsterter Satz, eine bestimmte Art zu seufzen, ich fernab jeglicher Zivilisation gleich einem nächtlichen Raubtier wie wahnsinnig auf der Lauer, mein Zeitbewusstsein an der Grenze zum Schwindel, wie in eine Art tiefen Trichter gesogen von einem Frauenlachen vor der Geräuschkulisse von Wasserspülungen und Fernsehgeräten (jede männliche Stimme bis zur Erbitterung hassend), wie gelähmt von irgendeiner fernen weiblichen Melodie, an dieses unerhörte Stück von Luciano Berio denkend: *Sequenzia per voce sola*, Cathy Berberian benutzt darin ihre Stimme auf alle möglichen, nur nicht, könnte man sagen, auf sprechende und singende Weisen – in einer Folge von gewissermaßen theatralischen Vokalisen, die sie schreit, heult, seufzt, brüllt, schluchzt, eine beunruhigende Mischung aus komischer Beklemmung und sexueller Erregung verursachend, all dies zugleich unvorhersehbar und erwartet, *niente parola, niente musica, la voce sola*, ein exemplarisches Stück, das zeigt, wie dieses Jahrhundert gehört hat und was es gehört hat, und ich, ein Raubtier, auf Seufzer in Hotelzimmern aus, auf das unhörbare Geheimnis der Nacht hoffend, zusammengekauert im Halbdunkel mitten im Herzen der Welt, um ihren unsichtbaren Ursprung zu ergründen, wie jene Astrophysiker, denen es gelingt, anhand der Geräusche des sich ausdehnenden Universums den Big-Bang des absoluten Anfangs alles Erschaffenen zu datieren, so wartete ich, dunkel, in der Stummheit der Nacht, im dissonanten Rauschen der Rohrleitungen, der Fernsehgeräte, des Verkehrs, der Wasserspülungen, der gewöhnlichen Musik, der Telefongespräche auf *die menschliche Stimme an sich, la voce sola* in ihrer Essenz, das heißt ohne Worte (oder vielmehr jenseits des Sagbaren), flüsternd, lachend, seufzend, stöhnend, tiefer als die Dunkelheit und die Nacht, abhebend bis zu den Sternen, die Stimme allein, wie ein Blitz auftauchend (sehr selten), das Halbdunkel durchzuckend, die menschliche Stimme, die weibliche Stimme, die einzige Stimme (hier schweige der Mann), die Stimme allein, wie das Geheimnis eines kosmischen Bundes zwischen Erde und Sternen, und ich, das *absolute Gehör*, auf der Suche nach der unmöglichen absoluten Stimme, eine blinde Eule auf die leisen Töne einer immer unsichtbar bleibenden Beute lauernd, ein nächtliches Raubtier auf der Spur des ultimativen und endgültigen Gesangs (danach schweige alles für immer), in den traumhaften wirren Geräuschen der Hotelzimmer, der vollkommene Akkord und der finale Seufzer, manchmal mitten in einem

Wort, einer Interjektion, einem unfertigen Satz (unbekannte und universelle Sprache, geheime und von allen gekannte Sprache, rein, verzweifelt, trivial, brennend wie ein dunkles Gebet an einen unbekannten Gott), manchmal trieb es mich auch, wie ein scheues Tier, das plötzlich aus seinem Bau hervorschießt, um sein Opfer zu erbeuten, aus dem Zimmer hinaus, reglos im stummen Halbdunkel eines menschenleeren Flurs (das bläuliche Zittern einer Nachtlampe), als wollte ich dieser nicht fassbaren Stimme habhaft werden und sie in einen Flakon einschließen (in einem Märchen muss man den letzten Lichtschein des Tages in eine Flasche sperren), diese sehnlichst erträumte Stimme, deren Stöhnen ein paar Sekunden lang die Nacht zerriss, ein paar rasende Sekunden (*sich endlos ergießend, als gäbe es kein Ende, als sollte es nie mehr ein Ende geben [aber das war nicht wahr: ein Augenblick nur in Wirklichkeit, wie im Traum, wenn man glaubt, es geschehe eine Menge, und wenn man die Augen aufschlägt, hat sich der Uhrzeiger kaum von der Stelle bewegt], dann wieder verebbend*), ein paar rasende und ewige Sekunden, in denen die Stimme in keuchender Wehklage immer lauter wurde (das schreckliche Verlangen ausdrückend, zu Ende zu kommen, und die Furcht, dort anzugelangen, die brennende Sehnsucht nach dem, was sich unaufhörlich entzieht, wie die Musik, wie die Zeit), bis sie, beim letzten Ton angelangt, mit einem Mal verstummte und das Halbdunkel schlagartig von der Stille wie von einer riesigen Welle überflutet wurde, die entschleierte (verklärte) Nacht übernahm von neuem die Herrschaft, der entfernte dumpfe Lärm, all die verschiedenen, für einen Moment aus dem Bewusstsein gelöschten Geräusche, das Raubtier verkroch sich wieder in seinen Bau, um zu schlafen, alles in der gewohnten Ordnung, *wir suchen niemals die Dinge, sondern die Suche nach ihnen*, und ich ging auf dem Boulevard du Montparnasse in dem dunstig durchscheinenden Herbstlicht Richtung Büro zurück, im feindlichen Lärm der Welt, mein Rundgang war beendet, ich trällerte wieder vor mich hin, *Ich singe mein schönstes Lied / Wenn ich verliebt bin … Ich singe eine kleine Melodie / Und das Leben ist voll Poesie*, ich war ausgenommen fröhlich, und ich konnte an meinen *romanhaften Berichten* weiterarbeiten.

Allabendlich spielte ich vor dem Schlafengehen auf der großartigen, von meinem verstorbenen Freund Markus Berger und seinen Mitarbeitern entwickelten Stereoanlage immer dieselben Platten, nicht die großen schwarzen von früher, mit den unzähligen Rillen, über denen der mechanische Arm mit der diamantenen Spitze schwebte wie der majestätische Adler über der Ebene, plötzlich sich auf seine Beute stürzend, ebenso brutal, aber weniger geschickt als der Herr der Lüfte landete er mitunter krachend auf dem Plattenteller, hackte auf ihn ein wie ein rasender Grünspecht oder begann auf mysteriöse Weise wie ein Pinguin auf dem Packeis über die ganze Fläche zu rutschen; nein, es waren die Platten von heute, kleine metallfarbene Scheiben, die sich das strenge Gerät schnappt und mit einem kargen Zischen verschlingt, während sofort ein leises Sirren hörbar wird und die Skalen mit schimmernden Leuchtzahlen zu blinken beginnen wie die Bordarmaturen eines startenden Raumschiffs unterwegs zu anderen Galaxien, eine kaum wahrnehmbare Vibration zeigt, dass wir uns mit Lichtgeschwindigkeit fortbewegen, Kommandant, nach den alten Rechenmethoden primitiver Kulturen werden wir die Erde erst in zwanzig Millionen Jahren wiedersehen – ja, Jim, wo wir dann doch erst seit wenigen Nanochronialen abgeflogen sein werden, es war schon seltsam, wie sie die Zeit gemessen und erlebt haben – wissen Sie, Kommandant, die ältesten von ihnen erreichten gerade mal ein Alter von hundert Jahren, und das in schlechter Verfassung, im

Grunde ist die Frage, wie weit sie sich trotz ihrer kleinen technischen Fortschritte wirklich von den Tieren unterschieden, schwierig zu beantworten – das stimmt, Jim, wir sind zwar beinahe unsterblich, doch wir wissen vieles noch nicht, aber um die Andromedagalaxie zu erreichen, müssen wir uns jetzt eine Nanochronchiale lang in Hypotiefschlaf versetzen, ganz ruhig, und plötzlich stieg aus der Stille Hermann Preys Stimme zu den Sternen. Nach einigen Wochen war ich zu einer geheimnisvollen Ordnung gelangt, von der ich kaum mehr abwich, ein wie von höheren Instanzen eingeführtes Ritual: zuerst zwei oder drei Lieder des Salzburger Konzerts von 1970 mit Sawallisch am Klavier (*Mit deinen blauen Augen, Zueignung*), dann *O du, mein holder Abendstern* aus dem *Tannhäuser*, danach eine Operettenmelodie *Ich singe mein schönstes Lied* und endlich die Kaffeehaus-Schlager mit Tanzorchesterbegleitung: *Belami, Im Café de la Paix in Paris* usw., im Dunkeln der Schimmer der Skalen, im Hemd auf dem Sessel kniend und Schladerer trinkend. Es waren in Wirklichkeit vor allem die Wiener Kaffeehaus-Schlager, auf die ich immer mit ganz besonderer Spannung wartete, die ich um keinen Preis hätte missen wollen, und dadurch begriff ich ziemlich schnell, dass es sich hier wohl um eine Untersuchung handelte. Bei *Der Winterreise* oder *Der Schönen Müllerin* (und meinetwegen bei der *h-Moll-Messe*) wäre es natürlich nie zu einer Untersuchung gekommen, noch niemand hat seine Tage und Nächte damit verbracht, Kassetten mit dem *Panzerkreuzer Potemkin* oder mit *Citizen Kane* zu erforschen, alle Untersuchungen sind streng privat und können nur vonstatten gehen, wenn sie sich auf etwas ganz Persönliches stützen, was der Ermittler für sich entdeckt hat, und je spezifischer und individueller das Material, desto interessanter verspricht so eine Untersuchung zu werden. Ich habe im Laufe meines Lebens Dutzende Male *Don Giovanni*, den *Schwanengesang* oder *Die Walküre* gehört, habe Dutzende Male *Der große Diktator*, *Der schwarze Falke* oder *Achteinhalb* gesehen, doch all diese Meisterwerke haben mir erzählt, was sie allen erzählen, als universelle Werke im strengsten Kant'schen Sinn, wohingegen *Der Schatz der Gehenkten* und *Im Café de la Paix in Paris* zu mir stets ganz persönlich sprachen, wie fremde Sonnen eines nur für mich sichtbaren Himmels. Und ebenso gut kann es sich um ein Land handeln, um einen Ort, ein Haus, eine Geschichte oder ein Gesicht (das muss Liebe sein, heißt es, die Obsession eines Gesichts). Hermann Preys Stimme hatte natürlich in diesen Wiener Liedern eine noch stärkere verklärende Kraft als Richard Widmarks Präsenz in *Der Schatz der Gehenkten*, was an sich schon bemerkenswert ist, denn im Film und in der Musik begeistern mich die Interpreten wenig, für mich zählen die Werke, denen sie dienen. Hermann Prey war ein exzellenter Opernsänger und im Bereich des Liedes Fischer-Dieskau ebenbürtig, aber er war der größte *Crooner* des Jahrhunderts, weder den großen lyrischen Sängern (immer zu ernst) noch den Künstlern der Music-Hall (Opfer ihrer elektrischen Prothesen) ist es gelungen, die populären und damit immer sentimental-metaphysischen Lieder vollendet zu singen. Was Ihnen im Grunde so sehr gefällt, hätte mein Freund Markus Berger mit seiner freundschaftlichen Hellsicht gesagt, wäre er während meiner Untersuchungen noch von dieser Welt gewesen, ist wahrscheinlich nichts weiter als die unmittelbare Verklärung des populären Liedes (auf etwas naive und perverse Weise: nicht etwa durch einen großen Komponisten wie Schubert oder Dvořák, sondern durch einen einfachen Sänger) oder, deutlicher gesagt, die Erlösung der Varieté-Chansons, die Sie früher so mochten, und Ihre zwangsläufig unglückliche Liebe zum Roman, zum Abenteuerfilm, zu den Music-Hall-Liedern wird Sie bei Ihren *romanhaften Berichten* noch einmal leiten, das hätte mein Freund Markus Berger vermutlich gesagt, wäre er während meiner Untersuchungen noch von dieser Welt gewesen. Hermann Prey gebrauchte sein ganz eigenes, tiefes und gleichzeitig vollkommen *gemütliches*, unter allen anderen erkennbares Timbre, wie unsichtbarer Samt, dunkel und heiter zugleich, das wie von selbst und mühelos zu den Sternen stieg, auf genau dieselbe Weise, wenn er *Im Café de la Paix in Paris* sang, wie er es benutzte, wenn er Schuberts *Liebesbotschaft* interpretierte, er ziselierte jede Silbe mit der immer gleichen Perfektion, er brachte alle Träume Mitteleuropas mit, er sang mit der größten Einfachheit (und der höchsten Kunstfertigkeit) die einfachste Musik, indem er sie mit *Unschuld* interpretierte, denn das Wunder Hermann Prey lag in *der Unschuld* des Gesangs, die er sich bewahrt hatte und die durch die technologischen Welten verloren geht, erniedrigt und korrumpiert wird. Wenn Hermann Prey »Ich liebe dich« säuselte – und ohne Mikro ihn die Sterne hörten –, dann wurde man, viel mehr noch, als wenn Elvis Presley oder Frank Sinatra an ihrem Mikrofon lutschend »I love you« sagten, von der sentimentalen Essenz des populären Liedes überflutet. Wenn Hermann Prey diese Wiener Kaffeehaus-Schlager sang, *verkörperte* seine Stimme das sentimental-metaphysische Wesen des großen populären Liedes (der modernen Musik vollkommen fremd – außer wahrscheinlich Kurt Weill und Poulenc – und den *Diskothekenmusiken*). Hermann Prey sang diese Melodien *natürlich* immer mit einem Lächeln in der Stimme, und vielleicht war es dieses sublime Lächeln, das bei meinen Untersuchungen am Anfang stand, ganz ruhig, gehen wir behutsam vor, dieses stete Lächeln hinter der Empfindung wurde für Augenblicke sogar zu einem direkt *hörbaren* Lächeln, wenn er zum Beispiel in *Im Café* … die Verszeile *Und es gibt für die zwei kein Problem* wiederholte, dann lächelte Hermann Preys Stimme ganz offen, ein menschliches musikalisches Lächeln als Huldigung an das Leben und an die Götter, ganz ruhig, verständnisinniger Humor begleitete das sentimentale Gefühl (wie es Jacques Rozier auf seine Art in *Adieu Philippine* mit diesen unglaublichen, entfernt italienischen Melodien so großartig gelang, nicht die Liebe, sondern das Gefühl, nicht die Gegenwart, sondern schon deren Erinnerung, und das Ende der Ferien, das Meer immerzu, wer weiß, vielleicht der Tod oder das Erwachsensein, aber, aus dem richtigen Abstand gefilmt, die Musik und das Meer als reines Kino), und jeden Abend wartete ich auf die Wiederholung von: *Die Musik spielt ganz leise: je vous aime /*

Und es gibt für die zwei kein Problem (ein Text, den selbst der Begriffsstutzigste, nicht Deutschkundige versteht), und das Lächeln, das Hermann Preys Timbre in jenem Augenblick erhellte, die wohltuende Sanftheit des Humors, zugleich Distanz und größte Nähe, was die Musik und das Kino manchmal erreichen (und hoffentlich auch die Literatur), das alles war vollendet in der Stimme des echten *Crooners* Hermann Prey, der bestimmt der *populärste* Sänger des Jahrhunderts gewesen wäre, wenn die weltweite jugendliche Demagogie der technischen Warenwelt nicht vergessen hätte, was Gesang ist, und an dieser Stelle sang er nicht mehr mit seinem Körper, sondern mit der inneren Leere, dem unsichtbaren Licht, das aus ihm kam, dem leuchtenderen als leuchtenden Dunkel der Stille, er war Unschuld, er war Musik, darum versicherte er stets: »Die Liebe und der Tod sind nicht von Belang. Und bestimmt gibt es die Materie gar nicht.« Denn, wie es unmittelbarer als alle anderen Kunstformen die echten großen Lieder der leichten Muse ausdrücken, wenn sie von einem wirklichen Künstler interpretiert werden: *muss das Leben verklärt werden,* das Leben, das wahre sublimierte Leben muss reine Empfindung werden, »das Leben, die Liebe, der Tod, mit einem Wort: alles, was wir empfinden«, wie Fuller in *Pierrot le Fou* sagt, die Musik ist die Stimme der Engel, aber sie muss auch das Lächeln der Götter in sich haben. Hermann Prey zitierte oft Goethes Wort: *Alles Vergängliche ist nur ein Gleichnis*. Wie mit dem Glauben die Nächstenliebe einhergehen muss, so gehört zur künstlerischen Empfindung unbedingt das Lächeln, und so kam es, dass naive, maßlos sentimental-metaphysische Lieder der leichten Muse, richtige Croonersongs, durch die Anmut des sublimen hörbaren Lächelns von Hermann Prey zum Wesen der Musik selbst wurden. Ohne Lächeln wäre die Kunst ein Irrtum, das dachte ich schon immer, und meine musikalischen Untersuchungen haben das paradoxerweise bestätigt, zur Musik gehört nicht nur der heilige Ernst des Pathos, sondern auch das stille Lächeln der Engel. Und die schönste künstlerische Empfindung ist vielleicht ein Lächeln, das sich mit Tränen mischt. Hermann Prey konnte, wie Gene Kelly, Judy Garland und all die anderen Größen der amerikanischen Music-Hall in den Filmen von Vincente Minnelli, das mythische Wesen des volkstümlich-westlichen, sentimental-fröhlichen gesungen-getanzten Liedes verkörpern. Noch besser als die Helden Minnellis konnte er lächeln und dabei singen, und er tanzte auch wie sie, aber er tanzte, ohne sich dabei zu bewegen. In einer langen fließenden, schwindelerregenden Einstellung fährt die Kamera durch den Saal, Vergoldungen, Samt, Stuck, sie zeigt in ihrer Bewegung das begeisterte Publikum, das lacht, weint und applaudiert, sie schwebt über das Orchester, gelangt zur Bühne, wo die Interpreten für das Finale singen, tanzen, und auch in ihr Spiel mischt sich Lachen und Weinen (wunderschöne Frauenbeine, die von Herren in Fräcken herumgewirbelt werden), und die Kamera gleitet, kreiselt, macht Sprünge und scheint auch zu tanzen, dann, während die Melodie endlos weiter zu wachsen scheint, schwenkt das Bild in einer großartigen Kranbewegung nach oben und fliegt in den mit unzähligen blau schimmernden Sternen getupften Theaterhimmel, und das Bild friert ein. *O du, mein holder Abendstern. Somewhere over the rainbow. Coeli enarrant Dei gloriam.* Ruhe.

Zu unserem New Yorker Diner, das hienieden unser letztes sein sollte – nichts, rein gar nichts ließ mich das ahnen –, hatte sich mein Freund Markus Berger mit mir in einem gefragten Restaurant in der Nähe des Times Square verabredet, weil es als Tagesgericht ein Chili con carne von legendärem Ruf gab. Ich war als Erster gekommen; neugierig betrachtete ich die vielen Bilder an den Wänden, unter denen ich einen Hopper und einen Rothko zu erkennen glaubte (amerikanische Künstler, die ich besonders mag), als ich Markus Berger hereinkommen sah, der den ganzen Tag für seine *Firma* gearbeitet hatte, obwohl er in ehrenamtlichem Halbruhestand war: Wie viele Spitzenkräfte schaffte er es nicht, »loszulassen«. Ich sah, wie er die Tür des Restaurants aufstieß und sich mit auffallender Eleganz und Selbstsicherheit umschaute (selbstverständlich wandten sich mehrere Gesichter nach ihm um), seine hohe, leicht gebeugte Gestalt, mit unnachahmlicher Geste nahm er seinen Hut im 1950er-Jahre-Stil ab, den er einem beflissenen Oberkellner überreichte, und als er mich nach kurzen suchenden Blicken entdeckte, erhellte ein amüsiertes, freundschaftliches, verständnisinniges Lächeln sein Gesicht, während er auch schon auf unseren Tisch zukam. Wie schade, dachte ich, dass er völlig auf jegliche künstlerische Laufbahn verzichtet hat, um sich ganz seinem internationalen Unternehmen für Elektrodrähte zu verschreiben. Allein seine Erscheinung, ganz die eines großen Schauspielers, erzeugte in jedem Raum, den er betrat, sofort eine Art magnetische Strömung. Zwei oder drei Mal hatte er sich, während wir über eine Interpretation sprachen, selbst am Klavier zu einer Passage von Bach oder von Schubert begleitet, und ich war bewegt von der Schönheit seines Timbres und dem Geist seines Gesangs (mit jener ganz besonderen Gefühlsregung, die öffentliche Kunst im privaten Raum hervorruft, wie ein Meisterbild in einem Schlafzimmer), aber bald war er mit verärgerter Miene aufgestanden und hatte mit dem Vorschlag, Champagner zu trinken, den Klavierdeckel geschlossen. Bedauerte er vielleicht etwas? Gewiss nicht – soweit man sich in solchen Dingen sicher sein kann. Er hatte eine glänzende Karriere als Ingenieur gemacht, er kannte die Mächtigen dieser Welt, aber er hörte nicht auf, Konzerte zu besuchen und seine Musikerfreunde zu treffen. Mit Stolz und Vernunft hatte er daran gezweifelt, *Primus inter pares* zu sein, und hatte umgesattelt, wenngleich auch seine von Grund auf schauspielerische Persönlichkeit weiterhin alle in den Bann zog, die in seine Nähe kamen. Ich dachte an *Rameaus Neffe* und an jenen endgültigen und verwirrenden Satz, den uns unser Professor, der Philosoph Jean Lacroix, entgegengeschleudert hatte: »*Rameaus Neffe* ist das bedeutendste Meisterwerk der französischen Literatur, weil in ihm der Wahnsinn in der ersten Person spricht.« Aber gleichzeitig, sagte ich mir, spricht darin auch die Musik in der ersten Person (und wenn sie eins wären⸮, hieße, eine Nonne in Gestalt einer Schauspielerin lieben – es ist zum Wahnsinnigwerden …), gewohnheitsmäßig gehen der Wahnsinn und die Musik maskiert vor, hinter der Literatur, und die Musik macht sich für ihre große Arie des Wahnsinns die Literatur einfach nur dienstbar, denn der Wahnsinn gibt sich, wie man auf der Straße beobachten kann, gewöhnlich sprechend-singend. Der Neffe ist ein *Schiffbrüchiger,* und es ist kein Zufall, wenn diese beiden Unheilsfiguren Musikerfiguren sind, denn mehr als irgendeine Kunst führt die Musik zu erschütternden Katastrophen, wie man an den Straßenmusikern sieht, bei deren Anblick man weinen möchte und manchmal auch zuschlagen. Der einfältige Herdentraum, den die weltweiten jugendlichen Musiken begründet haben, verursacht im Umkreis der sogenannten Stars des universellen Gefummels eine nicht absehbare Zahl von kleinen jugendlichen Schiffbrüchen. Ohne Musik wäre das Leben ein Irrtum, doch mit zu viel Musik wird das Leben zur Hölle. Und wenn die Musik auch mit den Engeln zu tun hat, so hat sie doch auch Verbindung mit den Dämonen, keine andere Kunst hat eine so *infernalische* Kraft, keine andere Kunst vermag einen Unglücksmenschen so unausweichlich dem Wahnsinn, dem Scheitern und der entsetzlichen Mittelmäßigkeit in die Arme zu treiben. Letztlich spricht in *Rameaus Neffe* nicht der Wahnsinn in der ersten Person, es spricht die arme Musik, die erniedrigte Musik, die in den Cafés und auf den Straßen ihre große erbarmungswürdige und rachsüchtige Arie der absoluten Katastrophe spielt. Ich bin immer noch der Überzeugung, dass es diese heimliche Zwangsvorstellung vom musikalischen *Schiffbruch* war, die Markus Berger, einen Mann der Ordnung, der Vernunft und des Stolzes, dem nichts so verhasst war wie Mittelmäßigkeit, Misserfolg und schlechte gesellschaftliche Manieren, dazu gebracht hat, auf seine musikalische Laufbahn zu verzichten. Und als ich ihn jetzt so vor mir sah, mit seinen neunundsechzig Jahren, in der gepflegten Atmosphäre dieses schicken New Yorker Restaurants, während wir eine Flasche vorzüglichen kalifornischen Weins in Angriff nahmen, da sagte ich mir, dass er wahrscheinlich zum Besten entschieden hatte. Er war an jenem Abend ausgesprochen gut in Form, von seiner *Firma* seit ein paar Jahren mit der Aufgabe des kulturellen Mäzenatentums betraut, vertrieb er sich nun seine Zeit damit, durch die Welt zu reisen und sich die aktuellsten zeitgenössischen Ausstellungen anzusehen. Ich finde es ausgesprochen erfreulich, sagte er zu mir, während wir in dem luxuriösen und gepflegten Halbdunkel dieses New Yorker Restaurants in der Gegend des Times Square das ausgezeichnete, köstlich stark gewürzte Chili con carne probierten und den letzten Rest der ersten Flasche unseres kalifornischen Rotweins tranken, ich finde es ausgesprochen erfreulich, dass seit beinahe einem Jahrhundert alle großen Ästhetiker und Kunsthistoriker (und wie Malraux mitunter durchaus genial) über die haushohe Überlegenheit der bildenden Kunst orakelt haben, die in allen Kulturen über die Jahrtausende hinweg zu finden sei, über den sichtbaren Geist der Jahrhunderte in den griechischen Vasen, den vedischen Tempeln, den Fresken der Sixtinischen Kapelle oder in der *Nachtwache,* über die so unvergleichliche, alle anderen Künste weit hinter sich lassende Macht der visuellen Künste, dass wir inzwischen bei einer richtiggehenden *zeitgenössischen Vergötterung der bildenden Kunst* angekommen sind (alle Avantgarden haben sich immer auf die Maler gestützt, und mit welcher Verachtung hat man geschrieben, dass die Malerei der Literatur immer zwanzig Jahre voraus gewesen sei), all dies ist höchst erfreulich, da diese sogenannte bildende Kunst, ja, immer den Weg weisend, nun als Erste in der jugendlichen Universalisierung verschwindet. Ohne dass es jemand merkt (denn die sogenannten Fachleute schließen immer nur aus früheren historischen Ereignissen und den vorgefassten Meinungen der Zeit), ist die bildende Kunst – mit einer gegenwärtig erstaunlichen Beschleunigung – dabei, in einem weltweiten technischen Gebastele unterzugehen, das dem der *Diskothekenmusiken,* auf die sie sich beruft, schon ziemlich nahe kommt. Man betrachtet, ohne groß überrascht zu sein, in New York, Tokio, Paris, London oder Venedig an höchst offiziellen gefragten Orten die gleichen kindischen Zusammenstellungen von Kartons, Abfallsäcken und Haushaltsutensilien, das gleiche infantile technische Gefummel aller Art (auf unzähligen Monitoren und Fernsehgeräten der nämliche endlose Unsinn), den gleichen traurigen, entfernt surrealistischen Humor, das gleiche bestürzende Gewitzel aufrührerischer Pseudojugendlicher, und dies alles wird unterstützt vom unversiegbaren haarsträubenden Geschwätz der Kritiker und Künstler, vom unfassbaren, unverständlichen, einfältigen und konfusen Gerede der weltweiten Unreife. Und das Schlimmste ist, sagte mein Freund Markus Berger lachend, dass an diesen Orten oft ein grauenhafter Lärm herrscht, denn vieles von diesem Gefummel verbreitet mit der unausweichlichen *Diskothekenmusik*, von dem es inspiriert ist, ohne Unterbrechung und in einer Lautstärke für Stocktaube allen erdenklichen unerträglichen Krach, so dass ich jetzt immer meine Ohropax spezial mitnehme, wenn ich in eine Ausstellung gehe (erst heute Nachmittag musste ich wegen einer grässlichen *Installation* aus Hunderten von Lautsprechern aus dem Whitney Museum fliehen), wo ich doch die Stille in den Museen über alles geliebt habe, ihre wunderbare Stille der Ewigkeit – in einem schönen Museumsraum allein zu sein ist eine *musikalische* Empfindung von erstem Rang. Wir fordern Stille, nichts als ein wenig Stille, und die schönsten Orte, um Stille zu finden, waren die Museen, *Stillleben*, aber sie werden jetzt offenbar so laut wie jeder x-beliebige touristische Fleck, und die bildende Kunst hat es geschafft, das ohrenbetäubende Werk und das lärmende Museum zu erfinden, manche Ausstellungsräume sind genauso infernalisch wie eine Disko in den Stunden lautesten Gedröhns. Immer voraus, wird die bildende Kunst in wenigen Jahren schließlich vollkommen verschwinden, und keiner wird es merken, sie wird einfach eine globale jugendliche Ausdrucksform sein, wie die zahllosen *Diskothekenmusiken*, das behauptete Markus Berger in unserem New Yorker Restaurant, wo wir uns an unserem ausgezeichneten stark gewürzten Chili con carne gütlich taten und kalifornischen Rotwein tranken. Als Wahrheit ihrer Zeit und Wegbereiter der Zukunft betreibt die bildende Kunst systematisch ihr Verschwinden in der weltweiten Unreife; immer voraus, hat sie es geschafft, dass die Avantgarde aufgeht in der gänzlich anerkannten und geförderten universellen jugendlichen Provokation. Wie die *Diskothekenmusik* repräsentiert sie von nun an die von Grund auf antikünstlerische, aber unabwendbar triumphierende weltweite kindliche Empfindungsart, die der Sport und der Zweier-Takt des zusammengefummelten Schlagzeugs symbolisieren. Immer voraus, ist sich die bildende Kunst mit den weltweiten vorherrschenden Musiken einig geworden, wie diese ist sie jetzt vor allem eine psychologische jugendliche Ausdrucksform, technisches Gebastele sich vergnügender Pennäler, Deckwort für pseudowilde Jungs, Herren und Knechte der weltweiten Warenwelt. In Wirklichkeit, sagte mein Freund Markus Berger zu mir, haben die Unterhaltungsmusiken die Welt dermaßen überflutet, dass sie zum Leitbild der Welt geworden sind, keiner entkommt ihnen, in Filmen hört man ausschließlich diese Ohren verschließenden Musiken, sie inspirieren die meistgelesenen Literaten, die bildende Kunst ist lediglich eine ihrer Abwandlungen, und wenn der große und, wie Sie ihn nennen, unerbittliche Boulez und die letzten einstigen Musiker gestorben sein werden, sagte Markus Berger zu mir, wird sich die zeitgenössische Musik endgültig im unendlichen Gelärm der Diskotheken und Fernsehsendungen verlieren. Die *musikalische* Komposition wird allmählich der *Vergangenheit* angehören, wie die einstige bildende Kunst, sagte mein Freund Markus Berger zu mir, sichtlich immer entzückter angesichts meiner etwas fassungslosen Miene. Sie sind noch jung, Sie haben das Glück, die künstlerische Herrschaft der globalen Unterhaltung der World Music, der Videoinstallationen und der universellen Popstars noch kennenzulernen. Die einstige Kunst von früher, die so ernst war, so reif, so feindlich im Grunde dem Neuen gegenüber, so darauf bedacht, ihrem Publikum von wohlhabenden Kennern zu gefallen, die strengen Regeln beachtend, die sich im Laufe von Jahrhunderten langsam entwickelt hatten, die so gottgläubige und gefällige Kunst der großen gedungenen Meister, die Kunst Raphaels, Tizians, Bachs und Mozarts (und auch noch die Delacroix' und Wagners), jene Kunst wird verschwinden, und interessanterweise werden die posttonale Musik und die abstrakte Malerei ihr Schwanengesang gewesen sein: Wir erleben jetzt die Entstehung der globalen jugendlichen Ausdrucksform mit, deren einzige Regel das Fehlen von Regeln ist (die schlimmste aller Regeln), den erbarmungslosen – und bisher in der Geschichte offensichtlich unbekannten – Triumph der universellen *Unterhaltung* im Dienste der weltweiten Kommunikationsmittel. Nein, nein, Sie wissen das allzu gut, ich übertreibe nur ein ganz kleines bisschen, sagte mein Freund Markus Berger zu mir, während wir unsere zweite Flasche kalifornischen Weins leerten, und ich sah, wie seine Augen vor Vergnügen glänzten, während er wie ein Sänger vortrefflich seine betörende Arie vortrug, ich weiß, dass Sie Apokalypsen nicht eben mögen, Sie würden gern glauben, die Welt ändere sich nur, um sich selbst ähnlicher zu werden, und die Kunst besitze eine zeitlose Identität, aber dem ist nicht so, dem war nie so, und heute hat sich selbst die Identität der Kunst in ihre Bestandteile aufgelöst. Nehmen Sie doch zum Beispiel Ihre Literatur, sagte Markus Berger mit einem solch freudigen Lächeln, dass ich mich sogleich, allerdings mit echtem Jubel, auf das Schlimmste gefasst machte, denn diese New Yorker Apokalypse war von heiterer Komik, ohne Scheu und Ressentiment, die Luft des Hochgebirges und der offenen See, Ihre französische Literatur, sagte er, war mehrere Jahrhunderte beinahe ununterbrochen die westliche und vermutlich weltweit erste Literatur, Ihre Sprache war länger als ein Jahrhundert die Sprache des ganzen gebildeten Europas, diese Sprache, die schönste, die es je gab, unvergleichlich präzise, diese Sprache von einer fabelhaft frechen Lustigkeit, von einer hellen und unerbittlichen Klarheit – Nietzsche hat das immer wieder gesagt –, diese Sprache der Respektlosigkeit, spritzig wie Champagnerwein, diese eigentliche Sprache der Literatur, die Sprache Montaignes, Pascals, Boileaus, Voltaires, Laclos', Stendhals, die Sprache, die der größte Schriftsteller der zweiten Jahrhunderthälfte *gewählt* hat, unser wortkarger, wundervoller, trunksüchtiger Ire, die literarische Sprache sämtlicher Provokationen, sämtlicher Neuheiten – auch diese Sprache und diese Literatur werden wie die bildende Kunst, wie bald die Musik, in der universellen Unreife und Unterhaltung verschwinden. Schon ist Ihre viel zitierte Literatur, die jahrhundertelang die europäische und vermutlich weltweit erste Literatur war, in nur wenigen Jahrzehnten zu einer provinziellen Literatur von zweitem Rang geworden, ohne Originalität, weder besser noch schlechter als die belgische, schweizerische oder die holländische Literatur und vom internationalen Leser mit keiner besonderen Aufmerksamkeit bedacht, eine Literatur *ohne Eigenschaften*, diese Literatur, die ich noch als eine gekannt habe, die auf der ganzen Welt gelesen wurde. Auch sie ist Teil der weltweiten Unterhaltung geworden, sie ist nur mehr eine kleine regionale Produktion, verloren in der globalen Erzählung – besonders diese ganzen angelsächsischen Krimi-Unterhaltungsromane, mit denen Sie sich so wie die meisten leidenschaftlichen Leser vollstopfen, sagte Markus Berger lachend zu mir, und dabei auf »meiner« Stereoanlage schändlicherweise gleichzeitig Bach oder Mozart hören, diese angelsächsischen Abenteuer-Unterhaltungsromane, deren übermäßiger Genuss Sie noch in die Donquichotterie treiben könnte, die aber um so vieles vergnüglicher, um so vieles moderner sind als Ihre regionalen literarischen Romane – Ihre alte Literatur, der sich jahrhundertelang wie einer Sonne alle Leser zuwandten (wir selbst haben das ja noch erlebt), ist zu einem kleinen provinziellen journalistischen Markt geworden, anmaßend, doch von bloß regionalem Belang, eine Literatur von Pseudoberühmtheiten für Frauenzeitschriften, eine Literatur einstiger Kabinettsgrößen, Schauspieler, Staatsräte, nicht tot zu kriegender Akademiemitglieder, sentimentaler minimalistischer Romanciers, realistischer sexuell-sozialistischer Schriftsteller, kurz und gut, eine haarsträubende, lächerliche Operettenliteratur, das ist die Wahrheit. Eine haarsträubende *Operettenliteratur*, wiederholte Markus Berger lachend, während wir in die kühle, gewaltige, hell erleuchtete New Yorker Nacht hinausgingen (und mir kam plötzlich das Ende von *Mein Essen mit André* in den Sinn, ein nahezu unbekannter Film von Louis Malle), eine *Operettenliteratur*, sagte Markus Berger noch einmal, aber das soll Sie nicht hindern, an Ihren romanhaften Berichten weiterzuschreiben. Und kurz darauf befanden wir uns am Times Square, in dem ungeheuren magnetischen Strudel, der diesem Ort reinsten Feuerwerks die schwindelerregende Kraft eines großen Naturspektakels gibt, in der modernen Zaubermagie der elektrischen Lichter und der riesigen, sich bewegenden Bilder, gleichsam im Herzen des Mythos, ein herrlicher, Angst einflößender Mahlstrom der Moderne, der Scheideweg der Zeit, und während wir nun voneinander Abschied nahmen, sagte Markus Berger: Glauben Sie bloß nicht, dass unsere Epoche eine entsetzliche Epoche ist, trotz allem, was wir über sie gesagt haben mögen, wäre das eine verschwommen dekadente Vorstellung, es wäre ein falscher Ton in Ihren romanhaften Berichten, und er machte eine ironische Geste mit der Hand, das fantastische Spektakel beschreibend, das uns umgab, unsere entsetzliche Epoche ist trotz ihrer allgemeinen Verblödung und ihrer weltweiten Unreife natürlich nicht *schrecklicher* als die früheren sogenannten großen Epochen, als das schreckliche Athen des Sokrates und Perikles, als das schreckliche Rom des Augustus und Vergil, als die schreckliche Elisabethanische Renaissance und als das noch schrecklichere Jahrhundert Ludwigs XIV., weder Sie noch ich hätten in jenen Zeiten, die von großem Terror und universeller Finsternis beherrscht wurden, überlebt, Zeiten von Sklaverei, Fanatismus und sinnlosem Leid, wo man, von den Göttern gesegnet, mit dreißig Jahren und dem Aussehen eines Greises starb, das ist die Wahrheit, Zeiten, deren alles in allem einziges Verdienst es gewesen sein wird, ein paar Theaterstücke, ein paar Bauwerke, einige Gemälde von erstem Rang geschaffen zu haben, schließlich können wir uns nur freuen, jetzt zu leben, in unserer schrecklichen Epoche, hier ist die Rose, hier tanze, und Markus Berger, der ein Taxi herbeigerufen hatte, sagte noch einmal lächelnd: Hier ist die Rose, hier tanze, und mit einer Geste aus alten Filmen seinen Hutrand mit zwei Fingern berührend fügte er hinzu: Fahren Sie fort mit Ihren Untersuchungen, alter Freund, aber halten Sie sich deshalb nicht für einen Polizisten des 87. Distrikts, dann erinnere ich mich noch an das gelbe Auto, das im magnetischen Strudel des Times Square davonfuhr. Ich sah Markus Berger nicht wieder. *Nie mehr im Leben.*

Ohne Musik wäre das Leben ein Irrtum, murmelte ich vor mich hin, als ich über den Boulevard du Montparnasse ging, in diesem Spätherbst, im durchscheinenden, ein wenig melancholischen Licht, das sich über die Platanen, die Gebäude, die Straßen, die Cafés breitete, in diesem Pariser Raum, der wohl ebenso mystisch, modern, dissonant ist wie Manhattan, für mich jedoch vertrautes Gebiet, Ort meiner Recherchen und meiner Findigkeiten, und in der Höhe von La Coupole konnte ich gerade noch einem *Tretroller* fahrenden Erwachsenen mit Kopfhörern auf den Ohren ausweichen, und ich dachte daran, was Markus Berger zu mir gesagt hatte: Die Unreife unserer Welt, die Unreife der Epoche der weltweiten Unterhaltung, so zutiefst antikünstlerisch, Markus Berger, mein verstorbener Schweizer Freund, und immer einsam wanderte ich und würde nun meinerseits bald in mein sechsundfünfzigstes Jahr kommen, *was in jedem*

Fall ein blühendes Alter genannt werden kann, in dem das wirkliche Leben recht eigentlich erst beginnt, wäre auch höchste Zeit, als Motto jedenfalls ist es mir recht, bald kommt die Reife, sagt man, *alles gründet darauf, dass es keine Erwachsenen gibt,* und ich summte die Melodien vor mich hin, die ich weiterhin allabendlich, von Hermann Prey gesungen, auf der von meinem Freund Markus Berger entwickelten Stereoanlage hörte, im Hemd auf dem Sessel kniend und Schladerer trinkend, wieder und wieder, jetzt war es Herbst und meine Untersuchung kam an ihr Ende, und Hermann Preys Stimme stieg zu den Sternen und offenbarte das metaphysisch-sentimentale Wesen des Chansons, besser, als die großen Künstler der einstigen Music-Hall es vermochten, die durch die weltweiten *Diskothekenmusiken* ersetzt wurden, um mich herum auf den Trottoirs der Widerhall vorbeigleitender Rollschuhe, Handys, Tretroller und Walkmans, hallo, ja, wir sind auf dem Montparnasse, was ist das denn, da ist es cool, ey, mit einer alten U2, die geht schwer ab, supercool, und ich, irgendwie *abgefuckt,* sprang mit meinen federnden Schuhen und sang *Hundert Lieder möchte ich singen / Die in meinem Herzen klingen / Und jedes Lied sagt: ich liebe dich so,* wirklich cool, Mann, stellte mir dabei Montparnasse 2013 vor, verfallene Gebäude, Tausende brennender Autowracks auf dem verwüsteten, nicht wiederzuerkennenden Boulevard, durch das ewige Dämmerlicht schleichen grauenhafte Zombies, sie wollen mein Blut trinken, aber ich, den Desintegrator an meiner Hüfte, mit einem ironischen Lächeln auf den Lippen und einer apokalyptisch-abgefuckten, hyperspacigen synthetischen Musik im Ohr, ging weiter, ey, Typ, wär das cool, so ist das Leben, und ich suchte wie ein Geisteskranker in Buchhandlungen nach einem Ed McBain, einem Lawrence Block, einem Michael Connelly, wie ein Drogenabhängiger auf Entzug, nur ein kleiner Schuss für heute Abend, Herr Don Quijote, Sie sind dabei, den Verstand zu verlieren und alle gesunde Vernunft, meine kleine Dosis für heute Abend, im Namen des Traums, gerade so viel, um noch mal zu überleben, wütend schob ich die zahllosen Bände unserer, wie Markus Berger sie nannte, elenden *Operettenliteratur* beiseite, und ich hüpfte auf dem Boulevard, tanzte wie Gene Kelly nach dem *Montparnasse-Song* (*My love is in Paris* usw.), Sirenengeheul wie in einer Musik von Varese, Explosionen, Mischung von Rassen und Welten, Musik, es gilt weiterzumachen, ich werde weitermachen, versuchte wieder und wieder *O du, mein holder Abendstern* aus dem *Tannhäuser* und *Mit deinen blauen Augen* von Strauss, plärrte das schwierige »Ge-dan-ken« und vertrieb damit die Menschen von den Caféterrassen, sang wieder und wieder (*Belami* und *Im Café de la Paix in Paris, Die Musik spielt ganz leise: je vous aime / Und es gibt für die zwei kein Problem*) und hoffte, dem magischen Timbre von Hermann Prey nahezukommen, es gilt weiterzumachen, ohne Musik keine Ewigkeit, wir sind jetzt unterwegs zu den Sternen, Musik, außerhalb von Raum und Zeit, was hören wir da für eine wunderbare Melodie: Kommandant, das Raumschiff reagiert nicht mehr auf Befehle, das sind vielleicht die Sirenen von Betelgeuse – nein, Jim, mein Kleiner, das ist Sphärenmusik, das sind die Stimmen der Engel unseres Herrn, wir gehen jetzt in die Ewigkeit ein, nur ganz ruhig, und ich ging immer weiter auf dem Boulevard, vom göttlichen Humor in Hermann Preys Stimme träumend, angewidert von der Vorstellung Hunderter an ihren Mikrofonen lutschenden Heulbojen beiderlei Geschlechts, von den weltweiten Popstars mit Playback- Stimme in infantilen Clips quäkend, die Millionen von Idioten aufgezwungen werden, die ihnen nicht zuhören, aber Angst vor der Stille haben, wir leben im Zeitalter des Wahns, der Unreife und des Lärms, wie mein Freund Markus Berger sagte, und vor mich hin murmelnd ging ich auf dem Boulevard, weitermachen, es gilt weiterzumachen (*Ich werde niemals schweigen. Niemals*), ich muss weitermachen, Stille fordern, nichts außer ein wenig Stille, im Namen der Sprache, im Namen der Musik, Stille, nichts außer ein wenig Stille, es gilt weiterzumachen. Eines Nachts aber träumte ich. Ich fuhr durch einen finsteren Wald (*Nel mezzo del cammin di nostra vita*, sagte ich mir beim Aufwachen), Bäume, die wie Gespenster aussahen, erschienen in den Scheinwerfern des Autos, das ich lenkte, in einem fremdartigen Licht. »Ich bin im Totenreich«, flüsterte eine ferne innere Stimme, aber ich spürte keinerlei Furcht. Dann war ich in Begleitung meines Freundes Markus Berger, beide zu Pferd, Karabiner in den Sattelhalftern, den Revolver an der Seite, ritten wir durch eine prächtige wüstenartige Berglandschaft, brennende Farmen hie und da; eine Horde feindlicher Reiter ließ uns nicht aus den Augen, doch ich fühlte mich vollkommen glücklich. Plötzlich befand ich mich in einem Schloss, wo ein seltsames Fest gegeben wurde: Männer in Fräcken und Frauen in Abendkleidern, viele trugen eine Ballmaske, schienen wie erstarrt in reglosen Unterhaltungen; doch während ich einen endlos langen Gang ganz aus Stuck und Spiegeln entlangglitt, hörte ich heftige Seufzer (die ersten Töne bisher), und undeutlich sah ich im Halbdunkel ein bekleidetes Paar, das in bewegungsloser Umarmung stand, wie der Marmor eines Bildhauers, unter dem hochgeschobenen Rock der Frau war ein herrliches Bein zu erahnen. Ich kam in einen großen Ballsaal, in dem getanzt wurde – aber ich nahm weder Musik noch irgendwelche anderen Töne wahr, alles war Stille –, und ich erkannte meinen Vater, der wunderbar Walzer tanzte. Etwas weiter entfernt, in einem Salon, auf ein Klavier gestützt, ein Glas Schladerer in der Hand, kommentierte Hermann Prey vor einigen Gästen eine Partitur: Als er mich sah, lächelte er mir zu und gab mir ein Zeichen mit der Hand. Und plötzlich war ich allein auf einer Theaterbühne; sie schien in das wundervolle Licht aus Dunst, Himmelsblau und Gold getaucht, welches den Bildern Lorrains ihren Zauber verleiht; ihr zartes Licht aber war so hell, dass, wie der Dichter sagt: *Der Stern in diesem Himmelsblau der Tropfen eines Schattens zu sein schien.* Vor mir lag ein unbewegtes Meer. Linker Hand hob sich wie ein Bühnendekor unter einem irisierenden Schleier eine Küste ab, auf deren von Pinien übersäten weißen Felsen man eine Art verfallenes Palais erkennen konnte. Ich ging auf die winzig kleinen, sich kräuselnden Wellen zu, die das Sandufer umspülten. Dann erfüllte, von überall und nirgends kommend, sanft die Stille überflutend, wie von einem einzigen Instrument, in dem alle anderen harmonisch verschmolzen wären, eine göttliche Musik Himmel und Erde. Ich hatte das Gefühl, als würde sich hinter mir ein Theatervorhang öffnen, dahinter ein dunkler Saal, aus dem das Raunen einer fremden Menge kam. Noch immer betrachtete ich das Meer, als ich mich plötzlich, wie unwillkürlich, dem unsichtbaren Publikum zuwandte; und da begann ich zu singen.